日本演劇史の分水嶺

NISHIDO Kojin
西堂行人

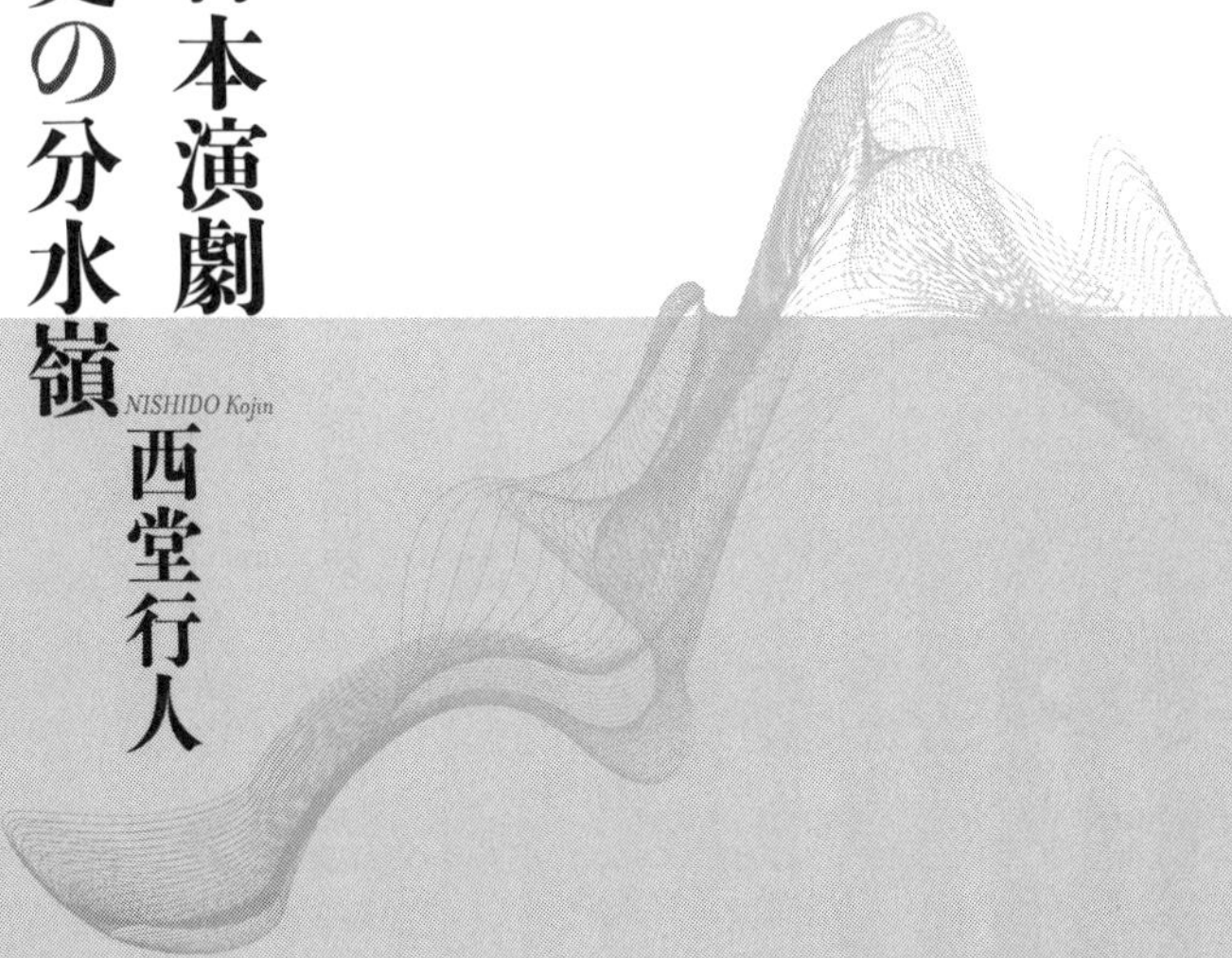

論創社

日本演劇史の分水嶺　目　次

第二章　アングラ・小劇場とは何だったのか

第三章　新劇とは何だったのか

日本演劇史を
再考する

10の分水嶺から

序章

1

日本の演劇は、能や歌舞伎に代表される伝統演劇と、明治以降に誕生した近・現代演劇が互いに隔絶したジャンルとして進展してきたと考えられてきた。だが両者は相互に影響し合いながらつながっている。その根底には必ず演劇を成立させる本質が存在する。それは俳優と観客が一つの空間を生成して共存することである。能も歌舞伎も、近代演劇もその限りでは共通している。さらに言語の違いを越えて他国で営まれる演劇行為も同様である。

日本の演劇の特徴として挙げられるのは、外部からの流入を積極的に受け容れながら取り込んで融合していく方法である。とくに西欧的な演劇を多大に吸収した近代以降はそれが顕著だ。これを横軸とするなら、縦軸としては同時代の文化との関わりの中から演劇は成立しているということである。それぞれの時代の中で演劇はどのような生命体として生きてきたのか。

日本の演劇史を考察する時、いくつかの潮目があったのではないか。歴史の変わり目、分岐点は少なからず存在するはずだ。そのポイントを以下の10項目に集約してみた。

（1）日本演劇史を通覧する

日本の演劇史をどう考えるか。その特質を考えていくと、「日本とは何か」「日本人とは何か」に行き着く。

日本の文化は古来の土着的文化と、主に大陸や半島から流入してきた文化との融合の産物である。近代以降では、さらにヨーロッパの先進的な文化や芸術が輸入され、それらを積極的に受け容れ、巧みに「ジャパナイズ」することで新たな融合文化を作り上げた。こうした外来のものを日本のものとして取り込む流れについて、河竹登志夫教授は以下のように述べている。

「長い歴史のなかで、外来の異質なものをいかに受け入れ、移植、消化してわれわれ自身のものとして育てていったかというその態度、方法、理念自体にこそ、日本人の演劇的特質が発揮されていたはずである。」（『演劇概論』東京大学出版会、一八二頁）

日本は江戸時代、二六〇年間鎖国をしてきた。この期間は、一見、外来文化の流入が途絶えたように見えるが、実際は小規模ながら多くの接触があった。日本は四方を海に囲まれた島国なので、半島やアジアの近隣の人々は比較的自由に船で渡ってきた。彼らを通じて持ち込まれたさまざまな外国文化を、日本は柔軟に受け容れ取り込んだのである。その対応力や受容性こそ、日本人の特質といえよう。その特質は「融合」だけでなく、「並列」も可能にする。

河竹氏は「重層性・併存性は、島国である日本の国土および民族の閉鎖性・孤立性などと深くかかわる、きわめて本質的な特徴」と言い、「社会的な伝承・世襲制、内容の弁証的発展よりも様式の完成定型化を尊重する国民性」と指摘している。

例えば、能は一四世紀に確立し、歌舞伎は一七世紀に発祥する。だが歌舞伎は能を取り込んで発展していったわけではなく、また双方が敵対し滅ぼし合うこともなかった。それぞれ異質な文化として、独立した枠内で洗練化し、様式化してきたのである。新旧の芸術が互いにあまり損傷されることなく並存しているのは、世界的に見ても非常に珍しい現象だと言われる。それを可能にしたのは、「様式化」という日本人独自の知恵ではなかったか。そこが、徹底した転換をイノベーションを基本とする西洋演劇との違いである。

「西洋演劇は文学的伝統はあるにしても、演技・演出という肉体的伝統やその古典的形式は存在しないといっていい。

日本の伝統演劇はこれとまったく異なり、俳優の演技をはじめ、舞台構造、舞台装置、音楽、衣装、照明などの演出様式一切が、伝統にもとづいている。それらはすべて代々、伝承者の肉体から、肉体へと伝えられてきたものであるから、これを伝統の肉体性と呼んでもいいだろう。」（同一八三頁）

西洋の演劇は言語（テクスト）によって継承されていくが、日本の場合は、一つの「家」が代々芸を受け継ぎ、親から子へ、肉体から肉体へ伝承してゆく。「門外不出」「一子相伝」という言葉は、文字通り、技芸の伝統に「家」以外の者の介入を許さず、さらに最も重要な本質は厳選された者だけに伝えるという、代々伝わる掟の遵守を意味しよう。
こうした長い歴史の中で日本の演劇は形作られてきたのである。

(2) 能の現代化

能は現代演劇にどんな影響を与えているだろうか。能はおそらく直接的な影響というより、間接的に影を落としているといった方が適切ではないか。

能は観阿弥、世阿弥らによって一四、五世紀に完成された芸能である。侘びや寂び、幽玄といった当時の感覚や価値観を日本古来の文化のエッセンスと捉え、それを土台として、夢や幻想を媒介とする非リアリズムの演劇を創出したのである。夢幻能や複式夢幻能はその形式の最たるものであろう。室町時代の武士階級が育んできた芸能が今なお、比較的原型に近いまま残存してきた理由の一つは、能舞台という固有の劇場を持ち、様式化された演技のスタイルを獲得したことが大きかったと思われる。世阿弥が『風姿花伝』によってその本質を語り残したことも、能が継承される要因だったろう。

三島由紀夫は戦後になって、『近代能楽集』という一連の作品群を執筆した。『卒塔婆小町』『弱法師』『葵上』など、謡曲という「語り物」から対話の形式をベースにした近代劇として再生させた。モノローグではなくダイアローグに変換されることで、能は単に日本の一手法に留まるのではなく、世界的な演劇になりえたのだ。その結果、ドラマとしての能は、世界演劇の一つに登録された。

太田省吾と転形劇場は、一九七七年、矢来能楽堂で初めて『小町風伝』を上演した。その時太田は、六百年の伝統の前に「言葉が蹴られた」と言って、それまで戯曲に書かれてあった主人公の台詞をいっさいカットした。卑俗な日常語で綴られた台詞は、能の歴史を背負った能舞台では通用しないと考えたからだ。そこから彼の有名な「沈黙劇」が始まった。その後太田は、「沈黙よりも、動きを緩慢にしていくことの方が重要ではないか」と気づく。スローモーションの演劇は、ロバート・ウィルソンなど世界に遍在する手法だが、彼はそれを単に緩慢な動きとしての表現ではなく、その中に極度に凝縮された意味をこめたのである。太田は対話を極限まで切り詰めることで、現代の能を創造したと言えよう。

錬肉工房の岡本章もまた能を創作の基底台にした。彼は若い頃に観世寿夫の舞台に出会い、「胸倉を掴まれるような体験をした」という。寿夫は「世阿弥の再来」と言われた不世出の能役者である。その彼の舞台を観た岡本は、中世の設定にもかかわらず、現代の真っただ中で演じられた〝現代劇〟を感じたのである。物語の設定を超えて現代の劇になった理由は、能役者が〝今〟を生きていたからに他ならない。それを一言でいうならば、身体で能を読み換える、ということだ。そこから岡本は、三島の「近代能楽集」を超える試みとして「現代能楽集」の探究に向った。一九八九年に始まった「現代能楽集」は現在（二〇一七年）までで一四作を数える。一九九八年にシアターコクーンで岡本が演出した『無』はそのエッセンスともいうべき舞台である。謡曲の『姥捨』とベケットの『ロッカバイ』などをテクストに、能の観世榮夫と舞踏の大野一雄が共演した。老境に達した二人が、死を前にした人間の姿を即興的に舞台で描き出す異種格闘技にも映し出された。奇跡のような舞台が20世紀末に実現した。これもまた、能の進化系と言えるだろう。

(3) 日本の近代化と演劇の運動

歴史とは何かを考えた時、一人の人間の成長史と重ね合わせてみると分かりやすい。明治になって「近代日本」が誕生した。これは、幼少年期に相当する。江戸から明治への移行期は大きな切断と飛躍があった。日本は明治以降、世界への道を開いた。それまでの鎖国時代と違って、大国と渡り合わざるをえないところに連れ出されたのだ。この時代を象徴したのは「文明開化」という言葉だった。教育や生活も激変した。近代日本という少年は、どのように演劇を発展させてきたのだろうか。

明治政府が最初に取り組んだのは演劇改良運動である。「伝統」から脱皮し、近代国家にふさわしい新しい演劇の創造が国是となり、当面の課題は歌舞伎をどう近代化するかにあった。けれども歌舞伎は江戸時代の町人に出自を持つ文化である。近代社会では野蛮に映る心中や仇討ちといった歌舞伎の定番を否定したり、改変することは不可能だった。国が文化や芸術に対して上から指導しても芝居屋たちには受け容れられず、むしろ反故にされた。政府による〝上から〟の〝改良〟は失敗に終わった。

だが〝改革〟の運動は演劇の内部からも始動していた。そのもっとも早い動きは、「新派」である。その中心人物が博多出身の川上音二郎だ。彼は演説を盛り込んだ芝居を街頭で始め、政治的な路上パフォーマンスとして街頭劇『板垣君遭難実記』などを上演した。演劇は市民と政治をつなぐ新しいメディアとなった。川上音二郎を一躍有名にしたのはオッペケペー節という時事風談を入れた歌入り芝居だった。日本で最初に海外公演をしたのも川上音二郎一座である。川上のもう一つの演劇改革は、妻だった川上貞奴を舞台に上げ、日本近代における、事実上最初の女優に仕立て上げたことである。川上は歌舞伎とは異なる現代劇、「正劇」を提唱した。これは対話を中心としたドラマのことである。川上の登場を近代演劇の胎動を告げる予兆と考えることができる。

もう一つの演劇改革は坪内逍遥の活動である。逍遥は早稲田大学創立に関わった教育者だが、一方で新しい演劇を興したいという願望があった。一九〇六年に「文芸協会」を創設した逍遥は、一九〇九年には本格的な演劇創作に乗り出して「後期文芸協会」を創設した。もともと好きだった歌舞伎の知識を基に自らシェイクスピアの翻訳に取り組むとともに、俳優教育を始めた。その教え子から松井須磨子という大スターが誕生した。逍遥の弟子の島村抱月は劇作家兼演出家であり、抱月と須磨子が後に「芸術座」を立ち上げた。島村抱月のポリシーは芸術性と経済性の両立である。これが芸術と職業の「二元の道」を切り開いた。

逍遥＝シェイクスピアに対抗する軸は、イプセンを核とした近代劇の運動である。イプセン派の代表格、小山内薫は逸早く「イプセン会」を始動させた。小山内は歌舞伎俳優、二代目市川左団次と組んで一九〇九年、「自由劇場」を創設する。自由劇場の旗上げ公演はイプセンの『ジョン・ガブリエル・ボルクマン』だった。ヨーロッパの本格的な戯曲の翻訳上演がついに日本で始まったのである。その意味では、一九〇九年は日本の近代演劇にとっての元年であると言えよう。

明治維新から五〇年、人間でいえば成人を迎えた二〇歳くらいに相当する。幼少年期の翻案劇を経て、日本演劇という青年はようやく一人前になりつつあったのだ。

（4）実験と革命の演劇——一九二〇年代の小劇場運動

明治以降、日本の近代化を進めてきた「自由劇場」をさらに発展させたのが「築地小劇場」である。

一九二四年に開場した築地小劇場は劇団であると同時に（有形の）劇場でもあった。この劇場が誕生したのは一九二三年、関東大震災で東京が焼失したことがきっかけだった。当時ドイツに留学していた土方与志はその報を知り、急遽帰国した。そして小山内薫とともに劇場を起ち上げたのだ。

土方は帰国の途上、一週間ソ連（当時）に滞在した。その時モスクワ芸術座での観劇体験が貴重な財産になった。モスクワ芸術座を代表するのは二人の演出家である。一人はスタニスラフスキー、もう一人がメイエルホリド。片やチェーホフに代表される市民劇、他方は実験的なアヴァンギャルド志向である。この構図はそのまま小山内、土方にも当てはまる。

築地小劇場の活動はわずか五年足らずだったが、千田是也、杉村春子、山本安英、田村秋子、丸山定夫、滝沢修ら研究生が、その後の新劇を担うことになり、重要な人材育成の場になった。「演劇実験室」を名乗った築地小劇場は一九二四年六月一三日、ドイツのゲーリング作『海戦』、ロシアのチェーホフ作『白鳥の歌』、フランスのマゾー作『休みの日』の三本立てで旗揚げした。一九二〇年代はヨーロッパ中で前衛芸術運動が始まっており、フランスではシュルレアリスム、ソ連のロシア・アヴァンギャルド、イタリアの未来派ら現実をデフォルメした表現運動がヨーロッパ中を席捲していた。こうした動きに対応したのが築地小劇場だった。モダンな芸術と前衛的な実験、両者が合体した演劇運動で、多くの文化人、芸術家の熱い視線を浴びていた。築地小劇場は前衛芸術の黄金時代を築いた。

築地小劇場はフル稼働の五年間を疾走した。この間に実に一一七作品を上演した。これを可能にしたのは彼らが自前の有形劇場を持っていたからである。だが作品創造の拙速さは免れられず、観客の入りにも苦戦した。それでもイプセン、チェーホフ、ゴーリキーなど北欧、ロシア、ドイツ、など翻訳劇を中心にしたレパートリーを矢継ぎ早に発表することで新劇のイメージを確実に作り上げた。だが一九二八年、小山内の急死により、新築地劇団と劇団築地小劇場に分裂し、稀有な劇団は事実上解体した。

大正期は一五年（一九一二〜二六）しかなかったが、「大正アヴァンギャルド」と呼ばれ、新興芸術運動が花開いた時期に相当する。宝塚歌劇団が創設され、モダンダンスが石井漠によって始まった。浅草では、オペラや軽演劇、女剣劇などが登場し、榎本健一（エノケン）、古川緑波（ロッパ）、菊谷栄ら天才的な喜劇役者や台本作家が活躍した。戦前の盛り場といえば圧倒的に浅草が中心だった。

この時期を牽引したのは美術だった。一九〇一年生まれの村山知義は、まさに時代の寵児として活躍した前衛芸術家である。ドイツに留学した彼は、最新の情報を日本に持ち込み、前衛美術集団〈マヴォ〉（ＭＡＶＯ）を結成した。柳瀬正夢、中川紀元、吉田謙吉らとともに、パフォーマンスの走りのようなジャンルを超えた活動を展開していった。彼は築地小劇場にも舞台美術で関わり、先駆的な作品『朝から夜中まで』の舞台装置を残している。

これらの背景として、都市の成立があったことが見逃せない。農村から東京や大阪に人が集まって都市が出来上がる。そこで地方でくすぶっていた若者たちが都市を背景に一気に才能を開花させたのだ。

彼らは労働者や民衆のためのプロレタリア演劇の隆盛と連動した。平澤計七の「労働劇団」はその代表格である。一種のエリート文化だった築地小劇場とは異なり、素人に近い労働者による民衆的な演劇運動だった。このような活動が、佐野碩の「トランク劇場」なども含めて、一九六〇年代に始まる小劇場運動につながる素地を作り出したとも言えるだろう。その意味では築地小劇場は、小劇場運動というより市民的ブルジョワ的な「中劇場」運動だったのかもしれない。

(5) リアリズム演劇と戦争

日本にとって戦争の終わりはポツダム宣言を受諾し、昭和天皇が詔勅を出した一九四五年八月一五日である。では始まりはいつからかというと意見が分かれる。日独伊が枢軸国となった第二次世界大戦は一九三九年のドイツによるポーランド侵攻が開始となる。あるいは日米決戦を始めた真珠湾攻撃の一九四一年一二月八日という説もある。最終決戦だけなら、戦争期間は三年半余りだが、一九三一年の満州事変を開始とすると、四五年の敗戦までの一五年間を戦時中と考えることができる。長期にわたる「一五年戦争」の間は、おびただしい数の人間の各々の中に戦争があったことになる。アジアの戦争から帰国した兵隊たちは、人を殺したことがトラウマになった場合もあれば、飢えのために仲間の人肉を食べた記憶を抱えた者もいる。(今では「アジア・太平洋戦争」がもっとも適切な呼称ではないかと考える。）

演劇で戦争を扱うことは、戦闘そのものよりもむしろ人間の内部に戦争がなにをもたらしたのかを描くことである。とりわけ「戦後」を問うことが重要な主題となる。カニバリズムや戦争についての証言が中心になるのはそれ故である。「一五年戦争」という言い方には、戦争は非常事態ではなく、通常の「状態」であるというニュアンスがこめられている。

戦争が日常化して生活の中に入り込んでいく中で、演劇などやっていけるだろうか。確かに一九四一〜四五年までの四年間は演劇を上演している場合ではなかったかもしれない。一九四一年には「日本移動演劇連盟」（俗称・移動演劇）が発会し、全国津々浦々に戦争のイデオロギーを浸透させていった。戦争に向かっていく日本の国策のシンボル的存在だった。しかし一九三〇年代にはリアリズム演劇の頂点になる『火山灰地』（久保栄）など、反戦劇も含めて種々の演劇が創られていた。これは一五年間の中でも〝平時〟の頃の芸術行為である。

演劇史に戻れば、築地小劇場の解散後、友田恭助と田村秋子夫妻による「築地座」が誕生し、コメディなどを上演した。その流れから近代最初の劇作家といわれる岸田國士を中心に一九三七年、「文学座」が結成された。岩田豊雄（獅子文六）、久保田万太郎、岸田の三人が幹事となって、現在につながる系譜が始まった。この頃、日本の演劇のメインストリームはロシアやドイツ、ノルウェーのような社会的な意識を持った北欧派の演劇であり、フランスやイタリアなど南欧派のロマンティックな演劇は反主流とされていた。「北欧派」と「南欧派」は岸田の分類だが、両者を貫くリアリズムという方法が、この時代の最新モードでもあったことは事実である。

ここでリアリズムとは何か。戦争に向かう日本には酷薄な現実が待ち受けていた。反戦意識の強い演劇においては、現実を批判する方法こそがリアリズム演劇だった。現実を舞台上に再現していくのがリアリズムの最小限の定義だが、ここでは現実を舞台にのせることで、その背後にある真実を暴くことに主眼があった。つまり、現実批判という思想を体現するのが、「リアリズム」だったのである。

こうした過程で生まれたのが、森本薫作『女の一生』である。一人の女性（布引けい）の一代記は、さながら日本の近代史と折り重なるように日中関係の歴史を浮かび上がらせる。布引けいの名台詞「誰が選んでくれたのでもない、自分で選んで歩き出した道ですもの」は、日本の歴史の迷走に翻弄された女性の生き方がアイロニカルに凝縮されたものだ。戦時中に創られながら、戦争批判とも言える芝居は今日にも上演され続けている。

2

前節に続く日本演劇史の中で、この節では「戦後」に当たる時代を取り上げる。一九六〇年代後半から現在までの約五〇年間をどのように考えればいいか。戦後七〇年の間で、まず木下順二、千田是也に代表される戦後新劇の出立があり、やがて新劇から離れていく福田善之や劇団青年芸術劇場（青芸）などアングラ・小劇場への「過渡期」があった。これが現代演劇までの「前史」である。

近代演劇史に決定的な断裂を与えたのは、唐十郎、寺山修司、鈴木忠志、佐藤信らのアングラ・小劇場運動であり、以後に続く若い世代の系譜が続いた。だがそこには連続と非連続があり、アングラから小劇場へと直線でつながらない演劇史の屈折と褶曲があった。

現代演劇を語る時、おおよそ時代を一〇年ごとに括り、その流れを考察することが一般的なやり方だった。しかし時代は一〇年単位で推移していくわけではない。そこで本節は一九六〇年代後半から始め、以降の五〇年間を六つの期に分けて考えていく。その起点を一九六七年に置き、以後それぞれの区分を、六七〜七三年（第一期＝アングラの勃興期）、七四〜八六年（第二期＝小劇場演劇の熟成期）、八七〜九四年（第三期＝エンゲキの迷走期）、九五〜二〇〇二年（第四期＝現代演劇の再生期）、〇三〜一一年（第五期＝演劇界の分極化）、一二年〜現在（第六期＝危機の時代の演劇）と捉えてみる。この六期を日本の社会の節目と演劇の流れに重ねて考えてみることが、演劇史再考の骨子となる。六七年は、世界的な学生運動のピークになったパリ「五月革命」の前夜に当たる。七三年はオイルショックが起こった年で、日本経済は大きな挫折を体験した。八六年はバブル経済が始まり、九一年まで続く。九五年には、阪神・淡路大震災・地下鉄サリン事件があり、日本社会の内部から激震が起こった。二〇〇三年はイラク戦争が始まり、日本は戦後初めて間接的ながら戦争に加わった。二〇一一年は、言うまでもなく東日本大震災および原発事故の発生である。さらに二〇二〇年のコロナ禍。このような区分によって、時代の推移は見えやすくなるだろう。

（6）戦後新劇の出立——木下順二と千田是也

戦後新劇の出立は二つの方向から始まった。その一つは、創作劇の台頭である。先陣を切ったのは木下順二だった。もう一つは、俳優座、民藝、文学座という三大劇団が揃い、新劇「運動」が開始されたことである。築地小劇場の流れを汲んだ新劇運動は、戦後民主主義、進歩思想の推進者の役割も担っていた。その中心を担ったのが千田是也である。

木下順二（一九一四〜二〇〇六）は東大英文科でシェイクスピアを学んだ後、民話の「鶴の恩返し」を書き換えた『夕鶴』で本格的な創作活動を開始した。木下は自己犠牲を強いられた女性と金銭に目がくらんだ男たちの寓話劇を、独特の方言を駆使し、磨き上げた美しい日本語で彫琢した。木下はこの作品を上演するために俳優の山本安英らと「ぶどうの会」を結成し、山本は主役のつうを一〇三七回演じ、演劇史上の屈指の名作となった。

木下は『鶴女房』『彦市ばなし』といった民話劇や、幕末から明治にかけての士族の反乱を描いた歴史劇『風浪』も書いている。ゾルゲ事件を扱った思想劇『オットーと呼ばれる日本人』、返還前の沖縄を舞台にした『沖縄』など多彩な作品がある。思想と演劇を結合し、つねに時代の最前線に立って創作する姿勢を堅持した。これは現代劇を書く劇作家のモデルともなった。

木下順二は日本語の研究者でもあった。日本語のベースに「平家物語」を置き、これを元に源平合戦を描いたのが『子午線の祀り』である。この劇は、壇ノ浦の合戦で潮の流れを読んだ源氏が平家を滅ぼしたことに想をえた物語だ。ここで木下は、人間の闘争を宇宙的な視野で見れば、歴史を動かしているのは自然の摂理であり、偶発的なものであると結論づけた。この上演のために木下は「群読」という集団による朗誦法を実践した。この舞台には能、狂言から歌舞伎、新劇の各ジャンルの俳優が出演した。日本演劇の結集点を作ろうとした野心的な試みと言えよう。

木下に続いて、『竹取物語』を素材にした『なよたけ』で知られる加藤道夫、『キティ颱風』の福田恆存《つねあり》、長崎の原爆を扱った『マリアの首』の田中千禾夫、「劇作」の同人メンバーだった内村直也、そして日本で最初の喜劇作家といわれる飯沢匡《ただす》らが登場した。

千田是也（一九〇四〜一九九四）の活動もまた多岐にわたる。一九五四年に当時のメンバーたちと自力で建設した俳優座劇場を拠点に精力的な演劇活動を展開した。『近代俳優術』執筆後の千田は、ベルトルト・ブレヒトを軸に演劇論を実践していく。演出家として外国戯曲を手がける一方、日本の作家たちの育成にも熱心だった。田中千禾夫、安部公房、野間宏、椎名麟三、そして若き日の福田善之を後押ししたのも千田である。また「創作劇研究会」を組織し、岩淵達治、渡辺淳、利光哲夫、中本信幸ら翻訳家たちを育てた功績も大きい。

教育面では、俳優座養成所を作り、栗原小巻、加藤剛、岩崎加根子ら名優を輩出した。この養成所のエリート校は、後に桐朋学園芸術短期大学に創設された演劇専攻につながっていく。千田は演劇の経済的自立をめざし、観客組織の「労演」を創ることに尽力した。

千田是也は新劇界を牽引する代表人格だっただけに、一九六〇年代後半に始まるアングラ・小劇場運動からは打倒の対象になった。後年の千田は俳優座での演出も減り、恵まれた晩年とは言えなかったが、演出家としての地位を確立した。『千田是也演劇論集』全九巻は貴重な資料になっている。

（7）新劇からアングラをつなぐ——安部公房、三島由紀夫、福田善之

戦後の進歩思想を体現してきた「新劇」は一九六〇年前後を頂点として、その後に台頭してきた「アングラ・小劇場」にとって代わられた。ただし新劇に代表される「近代」からアングラ・小劇場に端を発する「現代」へ一挙に変わったわけではない。その間には、ベケットに代表される「不条理演劇」の登場と、「肉体」もしくは「身体」の思想があった。この「過渡期」をつないだのは三人の劇作家・演出家である。

まず安部公房である。満州に育った安部は砂漠の無機的な感覚をベースに、「不条理の思想」を逸早く取り込んだ。とくに彼の小説はその傾向が強く、「日本のカフカ」と呼ばれた。だが彼の戯曲『友達』は、主題はあくまで不条理だが、手法は従来のリアリズムに近く、文学の立体化を超えるものではないと批判された。安部はこれに対して、自ら劇団を創設し、舞台化に挑んだが、彼の「イメージの演劇」は俳優不在の観念劇と受け止められ、演劇人としての評価は高くはなかった。ようやく「イメージの演劇」の本場、米国で評価を獲ち得たに過ぎない。

三島由紀夫は逆に日本文化に根差しながら、安部と別の意味で、新劇の限界を乗り越えようとした。彼は能の謡曲を台詞劇に書き換える「近代能楽集」に着手し、伝統と現代をつなぐ試みに挑んだ。彼の代表作『サド侯爵夫人』（一九六五年）は、翻訳劇とみまごうばかりの華麗なレト

リックを駆使し、様式美を追求した。日本の新劇が翻訳劇に習熟しているなら、「思いっきり外国かぶれになってやる」と日本の近代化の蓄積のなさを逆手にとったのである。彼は天皇制を支持し、左翼演劇主流の新劇に対抗しながら、最後には自衛隊に乱入し、クーデターを扇動した。その思いは満たされず、自刃したが、彼が残したメッセージは消費大国日本の行く末を憂うもので、後世に爪痕を残した。

　この二人は新劇の側から出発したが、学生演劇から活動を開始した福田善之は、アングラへの過渡期を歩んだ作家である。福田は大学卒業後、木下順二に師事し、現代社会に問題劇を提出した。『長い墓標の列』（一九五七年）では若い世代の演劇の旗手として期待を集めた。一九六〇年、二九歳の時に能楽師・観世榮夫、民藝の米倉斉加年らと劇団青年芸術劇場（青芸）を創立し、新劇の限界を打ち破る革新的な演劇運動を展開した。当時の若い演劇人たちの注目度は高く、唐十郎や佐藤信も福田善之の薫陶を受けている。アングラ前夜を彩る群像が、青芸を舞台に蝟集していたのである。

　福田善之の代表作『真田風雲録』（一九六二年）は新劇合同公演で上演された。演出は俳優座の千田是也。この劇は、関ヶ原の合戦を扱い、表向きは徳川対豊臣の闘いを描いたものだが、福田の主眼は、六〇年安保の後日談を描くことにあった。豊臣の下部組織である真田十勇士に焦点を当て、徳川—豊臣—真田の構図をそのまま安保闘争の政府—社共の革新勢力—新左翼（全学連）に重ね合わせた。福田は今まさにここで起こっている〈今日《こんにち》ただ今〉性を劇にしようとした。

林光作曲の音楽も斬新で、和製ミュージカルの走りとも言われた。福田の下でブレヒトの批判的演劇が本格的に誕生したのである。

こうして、安部の前衛性、三島の伝統の再生、福田の運動志向によって、進歩的演劇の代名詞だった新劇は徐々に勢力を失なっていった。それはまた、一九六八年前後に台頭するアングラ・小劇場の登場を準備した時期だった。三人はまさに「過渡期」を生きた演劇人だったのである。

(8) アングラ革命と熟成――一九六七〜一九八五

日本における現代演劇の始まりは一九六七年にあったと考えられる。この年に時代を画する象徴的な出来事がいくつも起こった。唐十郎の「状況劇場」が新宿花園神社に初めて紅テントを建て、寺山修司が「演劇実験室◎天井桟敷」を創設し本格的に演劇活動を開始した。この年を境に〈それ以前〉と〈それ以後〉の演劇の風景は一変し、いわゆる「アングラ演劇」という言葉が初めて使われたのもこの年だった。

翌一九六八年には五月革命をはじめとする、学生たち若い世代の運動がフランスや欧米、日本で巻き起こり、反体制運動は頂点に達した。その後、六九年には東京大学の安田講堂に学生が立てこもるが、結局機動隊に鎮圧され、「東大闘争」が終結する。七〇年には歴史的な出来事が種々並んだ。反安保闘争、大阪万博開催、よど号ハイジャック事件などである。三島由紀夫による自衛隊クーデター未遂事件と自身の割腹自殺もこの年の一一月だった。反体制運動から右翼の動向までイデオロギー的にも一色ではなかった。

七二年には、連合赤軍事件が発生し、あさま山荘に籠城した学生と警察が銃撃戦を繰り広げた。その後集団内部のリンチ事件が明らかになり、学生運動と反体制運動は大きな打撃を受けた。翌七三年に第一次オイルショックが起こり、戦後日本の高度経済成長の神話が崩れた。

一九六七年から七三年は国内が揺れ動き、運動の挫折があったことは確かだろう。従来の枠組みが覆されるとともに、自分たちの足元を見直す必要性を痛感させられる六年間だったといえよう。

このような流れの中で日本の演劇は大きく展開する。この六年のあいだにその後の演劇の担い手たちがほぼ出揃った。唐十郎の状況劇場、寺山修司の天井桟敷、佐藤信の黒テント、鈴木忠志の早稲田小劇場、太田省吾の転形劇場、蜷川幸雄と清水邦夫の現代人劇場、瓜生良介と発見の会。いわゆるアングラの第一世代が次々と登場した。まさに〈アングラの勃興期〉である。

この第一世代が切磋琢磨し、各々の代表作を続々と発表していくのが「第二期」である。

一九七四年に鈴木忠志が『トロイアの女』を、唐十郎が『唐版　風の又三郎』を発表すると、七五年からは黒テントの佐藤信は『喜劇昭和の世界・三部作』の連作を上演する。七七年には太田省吾が『小町風伝』を初演し、七八年には天井桟敷が代表作『奴婢訓』を上演した。

政治運動が衰退しはじめるのと逆行して、芸術家の活動は活性化していったのだ。それ故、第二期は新しく始まった〈小劇場演劇の熟成期〉と捉えられる。

八〇年代に入ると、サブカルチャー的なものやオタク文化が発生し、「知」や文化の枠組みが徐々に変わっていく。また寺山修司や暗黒舞踏の創始者・土方巽が死去し、前衛や実験の後退も懸念された。小劇場は第二世代、第三世代が相次いで誕生し、アングラの層がますます分厚くなっていった。つかこうへいは若者演劇の寵児となり、観客層の拡大に貢献した。同世代の流山児祥は演劇団を、山崎哲は「つんぼさじき」を創設し、翠羅臼、桜井大造の曲馬舘らが続いた。第三世代は野田秀樹を旗手として、小劇場のブームを到来させ、若者文化の一翼を担うようになった。

この時点でアングラ・小劇場と新劇の力関係は完全に逆転した。

(9) 小劇場演劇の持続と多様な広がり——一九八六〜二〇〇二

バブル経済が始まる一九八六年から、イラク戦争が開始される前夜の二〇〇二年まで、小劇場演劇は情報消費社会のもとで変質を余儀なくされた。小劇場はサブカルチャー化し、他方で従来の演劇の枠組みから逸脱し、パフォーマンスやダンスと融合した身体表現などが始まっていった。いわばエンゲキの〈迷走期〉を迎えたのである。

そのさいバブル経済がもたらした影響は大きかった。一九七三年の第一次オイルショックで一度低迷した日本経済は持ち直し、消費社会の勝利が決定的になったのだ。刹那的で過去も未来もない無時間性と、実感のないヴァーチャル・リアリティの中で日本（人）はさまよったのである。「明るい虚無感」（鴻上尚史）が終末感や世紀末を生きる心情を映し出し、以後「世界の終わり」の感覚と、批判が成立しないニヒリズムが蔓延した。世界史的には、八六年にチェルノブイリ原発事故、八九年のベルリンの壁崩壊、天安門事件、昭和天皇とベケットの死が続く。九一年の一月にバブルが崩壊し、三月に湾岸戦争でイラクが米国に敗北しイスラム原理主義が台頭、一二月にはソ連邦が解体し、社会主義に市場経済が導入され、東欧諸国を含む社会主義陣営は解体した。その結果、冷戦は終わったが新たな火種が持ち上がり、世界史は大転換した。

こうした中で転形劇場が解散（一九八八年）し、状況劇場も唐組に再編成された。有力な小劇場の解散も相次ぎ、現代演劇は羅針盤を失った。太田省吾は劇団解散の記者会見で、「機嫌のいい芸能ばかりがはびこって、もはや芸術は壊滅した」と発言し、大きな波紋を広げた。

この時期の演劇界は三つの方向が認められる。その一つは劇団四季のミュージカルの隆盛。八三年『キャッツ』を端緒とし、行政を巻き込んだ大型商業演劇を開発し、これまで演劇に無縁だった観客層を掘り起こした。二つ目は、ダムタイプなど新しい舞台芸術の可能性を切り開いたことだ。その予兆は八四年から開始されたパフォーマンス・フェスティバル・イン・檜枝岐に見られ、演劇というジャンル自体が問い直された。三つ目は宮沢章夫ら従来の小劇場とは異なった外部からの参入である。彼らは新しい笑いを武器に、不条理でノンセンスで知的な笑いを追求した。宮沢の系列から松尾スズキやケラリーノ・サンドロヴィッチらが登場。アングラからサブカルチャーへ、演劇からエンゲキへの流れが始まった。

八〇年代は海外からの来日公演が相次いだ。八二年、利賀フェスティバルでロバート・ウィルソン、タデウシ・カントールといった六〇年代派の前衛劇が結集した。他方で八六年、ヤン・ファーブル、ピナ・バウシュらが来演し、九一年のウィリアム・フォーサイスも加えて、現在のヨーロッパで最先端の舞台が日本に登場した。ベルギーのダンス・グループ、ローザスらコンテンポラリー・ダンスも日本に定着した。情報的にも世界の最新の動向が日本に届けられるようになり、世界の距離は一気に縮まった。

日本と世界の相互浸透状況は、フェスティバルにおいて顕著に現われた。八九年横浜市市政一三〇年を記念して開催された「ヨコハマ・アート・ウェーブ」、九四年には「神奈川芸術フェスティバル」が開始され、「コンテンポラリー・アーツ・シリーズ」として引き継がれた。

さまざまな主題が展開したのも九〇年前後の時期だった。九二年「第一回アジア女性演劇会議」（実行委員長・如月小春）はフェミニズムの視点から演劇の再考を促した。弱者としての「アジア」あるいは「女性」は欧米志向や男性中心主義を相対化するものだった。同じマイノリティの動きとして在日韓国人の活動も目につき、日韓の演劇交流も本格的に開始された。ハイナー・ミュラーが日本に紹介され、二〇〇〇年代にはフェスティバルに発展し、小劇場以後の日本の前衛を担うものとなった。

その一方で、「現代演劇のリアリズム回帰」などコンサヴァティヴな言説も浮上し、「静かな劇」という言葉も出現した。バブル崩壊後の九〇年代は等身大の現実に見合う劇が趨勢となり、縮小化に向かった。その旗手が平田オリザの現代口語演劇である。「回帰」や「復活」といった論調は、そのまま一九九九年の君が代、日の丸法（「国旗及び国家に関する法律」）の制定とも呼応し、歴史修正主義が浮上した。

一九九五年は敗戦五〇年を迎え、阪神淡路大震災と地下鉄サリン事件が起こった年として記憶される。平和と安全の神話に守られてきた日本はかつてない天災、人災にさらされ、その脆さが一挙に露呈した。カルト集団による政治転覆を目論んだ「地下鉄サリン事件」は、遊戯と祝祭に明け暮れた八〇年代への強烈なしっぺ返しを意味した。オウム真理教団のテロルは、八〇年代に流行したSF演劇の奇妙な復活、サブカルチャー化した小劇場のアナロジーにも映し出された。

この事態に対応する演劇はありうるのか？　九五年『GHETTO／ゲットー』（ジョシュア・ソボル作、栗山民也演出、ひょうご舞台芸術）やダムタイプの『S／N』、劇団解体社『TOKYO GHETTO』、第三エロチカ『東京トラウマ』などが思いつく。AIDS、震災、難民、自衛隊、平和憲法、広島、アウシュヴィッツ、沖縄……こうした社会矛盾の露出に対して向き合おうという演劇が少しずつ出てきたのだ。危機的事態のもとで、果たして演劇は可能か。こうした自己言及的な問いかけが出てきたのも当然である。

公共の演劇活動も新たな幕開けを迎えた。九〇年に芸術文化振興基金が始まり、水戸と藤沢に公共劇場が誕生、鈴木忠志、太田省吾が芸術監督に就任する。九七年には新国立劇場が開場、世田谷パブリックシアター、静岡県舞台芸術センターが誕生した。アングラ＝プライベートからパブリックへの流れが明確になり、アングラは、次の段階のパラダイム構築が求められた。

六〇年代の演劇革命以後、三十数年を経て演劇史の見直しは迫られた。アングラは果たして過渡期の実験だったのか。その検証も喫緊の課題だ。

(10) 危機と再生から二一世紀へ——二〇〇三〜現在

近過去での歴史的事件は、二〇〇三年のイラク戦争と二〇一一年の東日本大震災、いわゆる3・11事件だった。イラク戦争は日本が第二次世界大戦後初めて戦争に関わった戦争であり、以後、日本は「戦争ができる国」になった。東日本大震災は戦後最大の天災であると同時に大きな人災でもあった。地震・津波と連動して原発事故が起きたからだ。一九九五年の阪神・淡路大震災に続いて日本列島は再び傷つけられ、危機の時代に演劇はどう対応するべきかが改めて問われた。

こうした事態を考察するのにふさわしいいくつかの舞台が生まれた。一つは野田秀樹の『オイル』である。この芝居はイラク戦争の勃発と時期を同じくして上演されたが、実際に石油＝オイルが戦争の要因になることを皮肉にも予見してしまった。チェルフィッチュの『三月の5日間』

（作・演出＝岡田利規）は現代の若者たちが世界で進行している動向とどう距離をとるのかを扱ったものだ。坂手洋二と燐光群の『だるまさんがころんだ』は地雷の問題の日本人の生態とを重ねたオムニバス作品。いずれも戦争と日本人の関わりを描いたものだが、問題はその距離のとり方にある。その関わり方の選択に作家の立場性が問われる。

では二〇一一年の三月一一日以後、どういう演劇が生まれたか。

その一つは、福島県在住の劇作家・演出家の大信ペリカン（シア・トリエ）の『キル兄にゃとU子さん』である。失踪した女性の集合名がU子であり、新聞の被災記事を切り抜いているおじさんたちの象徴名がキル兄にゃである。震災後、演劇に何ができるか。些末な日々を積み上げていく事実の向こう側に悲痛な声が聞こえてくる。この舞台は一種のドキュメントだが、「ドキュメンタリー演劇」は一九九〇年代に世界的に流行した傾向であり、危機の時代に相応しい作劇法である。韓国でも二〇一四年のセウォル号沈没事件でも、同じ手法が使われた。

震災や戦争など大事件が起こった直後にできる演劇とは何か。ケラリーノ・サンドロヴィッチの『奥様お尻をどうぞ』は笑いをもってこの事態に対抗した。これは芸術による対処療法である。青森中央高校の『もしイタ　～もし高校野球の女子マネージャーが青森の「イタコ」を呼んだら』（作・演出＝畑澤聖悟）は震災で亡くなった者に対して後ろめたさを抱く「サバイバーズ・ギルト」の克服が描かれた。無力感や虚無感に包まれて生きている日本人に対して、「生きる」ことを痛切に呼びかけたのである。

大震災は日本を変えたか。この頃使われた言葉に「同調圧力」がある。非常事態に遭遇したとき、日本人は受身になって自粛し萎縮してしまう傾向にある。二〇一二年以降、世の中は保守化し、民主主義は危機にさらされた。第二次安倍政権がめざすところは憲法改正である。その前段階として特定秘密保護法、安保法、共謀罪法などを成立させた。これは戦争のできる国＝ニッポンの不穏な動きだ。それに対して、こういうときこそ演劇や芸術が突破口を開けるのではないか。二〇一一年以降、明らかに演劇の質が変わった。例えば「トラッシュマスターズ」の中津留章仁。彼は震災の直後にいち早く舞台を発表した。中津留は津波や震災を思わせる設定の中に人間たちを放り込み、どのように生きていくのかのドラマを書いた。マスコミでは決して報道できない被害の実情を赤裸々に暴き出す。こうしたデリケートな問題を扱った劇が3・11以降数多く生み出された。それを担うのは七〇年代生まれのいわゆる「ロスジェネ世代」である。彼らはしばしば「社会派の演劇」と呼ばれた。現実をリアリズムで再現するのではなく、何が問題として生じているのかを議論を通して探っていくのだ。イキウメの前川知大、劇団チョコレートケーキの古川健、日澤雄介の作・演出コンビ、温泉ドラゴンのシライケイタ、iakuの横山拓也。また長田育恵、瀬戸山美咲、野木萌葱、詩森ろばら女性劇作家たちの台頭も著しい。他にも嶽本あゆ美、桑原裕子、蓬莱竜太、本谷有希子など重厚なドラマの書き手が登場した。現実に目を向けながら、矛盾の足元を探っていく作風が特徴的だ。彼らの先駆として、永井愛、坂手洋二、鐘下辰男らがいたことは確かだ。演出家としては、栗山民也の存在も見逃せない。そこから演出専門の森新太郎、上村聡史、小川絵莉子らを輩出した。翻訳劇や古典の上演なども意欲的に取り組まれた。演劇とはそもそも社会的、公共的な営為であり、決して個人の内面や趣味でやるものではない。この当たり前のことに気づかせたのが震災や原発などの極限状況である。

二〇〇〇年代は「私」とその周辺を描く芝居が多く見られた。それが観客に共感の共同体を提供したが、それはともすると現状を追認し、自分を傷つける他人は排除され、自己を肯定していくことに通ずる。つまり他者の視点が欠落する。それがゼロ年代、あるいは震災前の演劇である。東日本大震災のようなとてつもない現実が他者として襲来したとき、われわれは変わらざるをえない。二〇〇三年以降現在に至るまで、われわれが直面しているのはそういう事態だ。

創作環境の変化は、公共劇場による作品創造として、永井愛の『こんにちは、母さん』や鄭義信の『焼肉ドラゴン』、松本修の『失踪者』など一連のカフカ劇の秀作を生んだ。シアターコクーン、パルコ劇場、東宝ミュージカルも若手演出家に表現の場を与えた。ここ数年急速な人気を得ている2.5次元ミュージカルが商業的に成功し、海外に進出する動きもある。

伝統と現代に関していえば、歌舞伎に野田秀樹、串田和美、横内謙介、渡辺えり、宮城聰ら現役の作家たちが招聘され、能と岡本章も含めて伝統と現代の混淆が生まれた。

二〇〇九年に始まったF／T（フェスティバル／トーキョー）をはじめ、「ふじのくに　せかい演劇祭」、TPAM（国際舞台芸術ミーティングin横浜）など世界との出会いの場は確実に広がった。アジアへの関心も高まった。

以上、近代から二一世紀までの流れをたどってきたが、一番大きな転換点だったのは一九六〇年代に演劇革命が起こったことだ。誰もが演劇をやることが可能となり、自分たちの生き方や考えを前面に押し出す表現が一般化した。それこそが「現代演劇」である。演劇を思想として捉え、人間の生き方や集団のあり方、国家に対する考え方をひとつの枠組みとして捉えた演劇史は、ようやく現代にたどり着いた。

※本稿は伊丹アイホールで二〇一八、一九年にわたって開催された「世界演劇講座」での講義をもとにしている。タイトルは「世界の中の日本演劇」「君は〈アングラ〉を見たことがあるか」である。

第一章

戦後新劇から
アングラ・小劇場へ

1　戦後演劇の展開

（1）新劇のパラダイム

一九二四年、築地小劇場の誕生を契機に、伝統演劇から訣別した新しい演劇は本格的に産声をあげた。創設した小山内薫、土方与志らはヨーロッパの市民生活を基盤とした台詞中心の近代劇と身体性を重視した実験性の高い前衛劇を並走させた。

その外側ではプロレタリア演劇も盛んで、秋田雨雀や平澤計七らによって、小劇場運動は開始された。一般に「小劇場」というと、築地小劇場を指す場合が多いが、この劇場は「小」というより「中劇場」に近く、非営利的で実験的だったのは、むしろ秋田らの「土蔵劇場」などが温床となったのではないか。この系譜は後に、一九六〇年代以降の小劇場運動につながっていく。

戦争に突入していく一九三〇年代以降、演劇は国家と対立する磁場となった。だが国家が主導する移動演劇が戦中の四〇年代に始まり、多くの演劇人はそこに関わりつつ戦争協力を強いられた。戦後になると、演劇人は民主主義を唱える進歩路線に切り替わり、イデオロギー的には一八〇度反転した。だが演劇の手法としては、戦前と戦後に断絶はなかった。リアリズムがその基盤にあったのだ。

戦後の新劇のリーダーとなって活動を展開したのは、築地小劇場の研究生だった千田是也、山本安英、田村秋子、杉村春子、滝沢修らである。その母体はすでに戦前に胚胎していた。例えば、千田は戦中に移動劇団「芙蓉隊」で活動しつつも、「近代俳優術」を執筆していて、これは戦後を見据えてすでに活動の指針を整えていたのだ。こうして戦後になると、文学座の杉村、俳優座の千田、民藝の滝沢と宇野重吉、ぶどうの会の山本らの演劇活動によって「新劇」のイメージは決定づけられた。文芸評論家の奥野健男は、新劇のイメージについてこう述べている。

「新劇と言えば、戦前の築地小劇場以来、真面目で重厚な進歩的演劇とされてきた。革命思想のアジテイションか、西洋の古典の重々しい翻訳劇か、リアリズム万能の深刻な芝居か、芸術至上主義的な高踏劇か、あるいは新派改良のメロドラマかであった。根本的に啓蒙的、進歩的であり、観客は教養のため、時代思潮を知るため、うやうやしく観に行く。つまり岩波文庫的な存在であったのだ」（福田善之『真田風雲録』三一書房、解説より）

戦後新劇の「新しさ」は、新しい劇作家と新しい作品世界の登場によって切り開かれた。戦後演劇には三つの契機があったと考えられるが、その第一の契機はここにあった。

(2) 第一の契機——戦後新劇と木下順二

戦後に活動を開始した代表的な劇作家は木下順二である。東大の英文科でシェイクスピアを学んでいた木下は、師でありシェイクスピア研究者として知られる中野好夫からある本を紹介された。それは民話の「鶴の恩返し」である。木下はそれを現代風に書き直し、『夕鶴』が誕生した。一九四九年に発表された『夕鶴』は、その後世界中に翻訳され、日本の戦後演劇を代表する戯曲となった。この作品を上演するために、木下は女優の山本安英らと「ぶどうの会」を結成した。鶴が人間に化身して人間世界で暮らすというこの寓意劇で注目すべきは、方言の効果的な使用である。方言を話す地元民に対して、ヒロインつうだけが標準語を使う。異なる言葉が両者の意思疎通を困難にする。動物の世界に生きる身が人間の言葉を解さないのは当然だが、なにより言語に含まれる価値観が彼女を困惑させる。お金の価値を彼女はどうしても理解することができない。言葉への不信とコミュニケーション不全は戦後の世界に共通するものでもあった。

『夕鶴』に続き、木下は『鶴女房』『彦市ばなし』といった民話劇シリーズを次々に発表した。その一方で、歴史劇も創作している。彼が出征前に書いた『風浪』は、士族の反乱を描いた第一作である。また『山脈《やまなみ》』や『オットーと呼ばれる日本人』など思想劇も書き、とくに『沖縄』はまさに時局的な問題を舞台にした秀作だった。

木下順二は日本語の研究者でもあった。シェイクスピアをどのようにすれば日本語に翻訳できるか。そこで発見したのは日本語のベースが「平家物語」にあるということだった。その「平家物語」を元に源平合戦を描いた様式劇が『子午線の祀り』である。

「ドラマツルギーは思想である」という言葉を木下順二は残している。彼のドラマ観の根底にはギリシア悲劇があり、とりわけ『オイディプス王』があった。自己の境遇の発見は運命の悲劇に通じるという思想だ。『子午線の祀り』では人間がどのように論理を組み立てても、潮の満ち引きという想定外の出来事で、人間の論理はいともたやすく乗り越えられてしまう。自然の持っている無常感、不条理感に最終的に行き着くのである。それは「戦後思想」の一つの結晶でもあった。それが木下の宇宙論的思考である。

木下は「戦後最初の劇作家」と言われたが、彼以外にも戦後は新しい作家が次々に誕生し、翻訳劇よりも創作劇が盛んになった。戦前から活動した三好十郎は戦後になっても旺盛な創作活動を続け、加藤道夫、福田恆存、田中千禾夫、内田直也や、飯沢匡らが続いた。戦後の進歩的演劇を支えたのは、彼らの創作活動だった。

小山内薫、土方与志から始まる築地小劇場以降の流れは、こうして戦後新劇のパラダイムとして完成していくのである。

（3）第二の契機——アングラ・小劇場

進歩思想と戦後民主主義が新劇の旗印だとすれば、そのことへの反発が一九六〇年代以降のアンダーグラウンド・小劇場運動の動力源となっていった。それは、新劇よりもさらに革命的であることをめざし、翻訳劇ではなく創作劇を活動の中心に据え、リアリズムに対してアンチ・リアリズムもしくは前衛的手法を用い、重厚な教養主義に対して、大衆文化的なものを取り込んだ知的で視聴覚重視の演劇を提供したのである。こうして、六〇年と七〇年の二つの安保闘争の間に、啓蒙主義的なメインカルチャーからカウンターもしくはサブカルチャーへと位置付けの変化が起った。戦後社会の大きなパラダイム転換である。

最初の変化は六〇年安保闘争の敗北への総括から始まった。その先駆となったのは、福田善之作の音楽劇『真田風雲録』である。当時、社会党や共産党は、民主主義、進歩思想の推進者と見なされていた。こうした革新勢力に対する若い世代や学生らの反発を描いた同作は、そのまま新劇への不信や批判へとつながっていった。安保闘争を寓意的に描いた『真田風雲録』は新劇批判の先駆けとなったのである。そしてこの舞台を演出したのは、新劇界の頭領《ドン》千田是也だった。皮肉にも彼は新劇から次の演劇への橋渡しを果たしていった。『真田風雲録』はまさに、新劇からさらに新しい演劇への過渡期を象徴する作品となったのだ。

本格的に新劇批判を展開したのは、当時、「アングラ演劇」と呼ばれた唐十郎、寺山修司、鈴木忠志らである。彼らは自ら小劇団を率い、劇作、演出を手掛け、自前の俳優を鍛え、上演する場所も既成の劇場ではなく、テント劇場や市街、小劇場といったオルタナティブな空間を根拠地とした。

例えば唐十郎の書く戯曲は、神話やメルヒェンに依拠しながら自在に書き換えられ、文体は彼が生まれ育ったリアルな東京下町の日本語を駆使し、シュルレアリスティックな手法で描かれた。また俳優の肉体を演劇の前面に押し出す上演方法は、浅草の大衆芸能と世界の前衛劇を結合するダイナミズムに満ちていた。そして何よりも、都市の片隅に翩翻《へんぽん》とひるがえるテント劇場という異物は見慣れた風景を切り裂いた。暗黒舞踏の祖・土方巽の影響を受けた唐は、「特権的肉体論」を武器にまったく新しい演劇を創出した。戦後演劇の大いなる出立である。

寺山修司と演劇実験室◎天井桟敷は、彼自身の故郷、東北青森を原風景としながら、舞台美術や音楽をダイナミックに組み合わせる壮大なスペクタクル劇を創りあげた。寺山はいち早く海外に進出し、中東やヨーロッパの前衛市場に日本人として初めて参入した。唐と同様、寺山も既存作品からの引用を施すことで、一種の間文化的な上演を実現させた。彼の代表作『奴婢訓』は主人不在の劇だが、スウィフトの原作と宮澤賢治の童話を組み合わせたものである。

唐とは別の意味で演技や身体にこだわったのが、早稲田小劇場の鈴木忠志である。ドラマの根源を俳優の肉体の裡《うち》に見出した鈴木は、独自の演技術を開発し徹底した訓練を俳優に課すことで、新劇の擬似西洋風の演技を批判した。彼は七六年に拠点を富山県利賀村（現・南砺市）に移し、合掌造りの民家を改造して劇場にするなど、近代日本から失われた文化の再生も目指した。

他にも、黒テントを武器にした佐藤信と68／71演劇センターは従来の新劇運動を批判し、新しい「運動論」を展開した。蜷川幸雄と清水邦夫のアートシアター新宿文化での政治的演劇、沈黙を高度な詩劇に昇華させた太田省吾と転形劇場、土方与志の流れを汲んだ瓜生良介と発見の会など多彩な活動があった。こうした従来の演劇の文法を破壊した「演劇革命」は、近代演劇たる新劇から、現代演劇を誕生させる契機となった。ではこの次の転機はあったのか。

（4）第三の契機、その途上

アングラ・小劇場演劇はその後、続々と後継世代を輩出した。つかこうへいや流山児祥ら団塊世代と呼ばれた第二世代、野田秀樹、渡辺えり、鴻上尚史、川村毅らの第三世代、坂手洋二、平田オリザ、松尾スズキ、ケラリーノ・サンドロヴィッチら六〇年代前半に生まれた世代（彼らはもはや第四世代とは呼ばれなかった）。

さらに、近年になって七〇年代の半ば前後に生まれた新世代も登場した。前川知大、中津留章仁、古川健、シライケイタ、横山拓也らである。彼らは二〇一一年の東日本大震災を契機に、社会性や歴史性を追求する舞台が特徴的だ。女性劇作家の台頭も著しい。永井愛、詩森ろばやその後継者たち、長田育恵、瀬戸山美咲、野木萌葱ら有望な若手が登場した。彼（女）らの特徴は、簡潔な文体で書かれた文学性の高い戯曲である。彼らの戯曲は新劇団に提供されることも多いが、決して新劇に先祖帰りしたわけではない。むしろ小劇場運動の系譜を受け継ぎながら、さらに発展させた現在形の演劇と考えるべきだろう。また新劇の側も、小劇場の作家たちに刺激を受けることで、従来の枠を破ろうとしているとも言えるだろう。新劇の「小劇場化」である。

こうした系列とは別に、実験性を志向した一群も存在する。岡田利規、三浦基、多田淳之介、藤田貴大、岩井秀人らである。

ここに挙げた多種多様な若手たちの活動には、たしかに「新しさ」がある。だがそれは「第三の契機」と呼べるだけの「新しい演劇」といえるだろうか。

一九九九年、ドイツのハンス＝ティース・レーマンの『ポストドラマ演劇』が刊行された（邦訳は二〇〇二年刊行）。同書は、主に一九八〇年代以降に出現した新種の演劇をパノラマ風に収集した労作である。レーマンはこのジャンルの先覚者として、ロバート・ウィルソン、ハイナー・ミュラー、ヤン・ファーブルを挙げているが、ある種の前衛のストリームの構築をめざしたものと言えるだろう。それによれば、「新しい演劇」とはドラマやヒューマニズムに依拠せず、ダンスやインスタレーションなどに越境しつつ、演劇そのものから逸脱するものと捉えることができる。だが定義することは不可能だ。

二〇〇〇年代以降の日本で、それに相当する傾向は見られるのか。言いかえれば、ポスト・アングラ、もしくは演劇革命後のニューウェーヴは到来しているのだろうか。「ポストドラマ」が現代演劇〈以後〉を表わすなら、演劇という枠組みのゆるやかな解体と、舞台芸術という言葉の多種多様な広がりの中に、その帰趨は求められるだろう。

演劇はここまで来たとも言えるし、来たるべき演劇への途上にあるとも言えるだろう。

2　アングラ革命とその時代

（1）一九六七年の画期的事件

「一九六八年」を挟んだ前後数年は、現代演劇にとって近過去の中でもっとも大きな激動の時代だった。演劇の動き自体が事件そのものだったと言ってもいい。文化や社会など時代が大きく揺れ動く渦中にあって、演劇はとりわけ先進的な活動を展開したのだ。なぜか。その理由を解明することが本稿の目的である。

そこでまず、その前年の一九六七年に注目してみたい。この年は、唐十郎率いる劇団状況劇場が新宿花園神社に初めて紅テントを建て、その後の活動につながる画期的な年となった。六角形を象《かたど》った威容を誇るテントが都市のど真ん中に出現し、それ自体が都市の異物たりえた。この紅テントの存在は、「アングラ」という言葉にふさわしい外貌を具えていたのだ。

同じ年、状況劇場とともに「アングラ演劇」を牽引するもう一方の雄、寺山修司は演劇実験室

◎天井桟敷を創設した。天井桟敷の旗揚げ公演『青森県のせむし男』は自らを「せむし男」になぞらえた寺山が、時代の暗部に突き刺さる異物性をもって東京に殴りこんできたのだ。後に『毛皮のマリー』で男装の麗人を演じたのは、丸山明宏だった。後の美輪明宏である。

唐と寺山には相通ずるものがある。それは白昼の文化に対する地下的想像力を掘り起すことであり、西洋文化に典拠をもった近代芸術に対して、自前のオリジナル文化をぶつけることだった。独力で道を切り開こうとするパイオニア精神の表われでもある。

この六七年には、音楽の世界でも一大異変をもたらす事件があった。ザ・フォーク・クルセダーズの登場である。京都の現役大学生だった彼らが半ば冗談で作成した一枚のレコードが爆発的なヒットとなり、社会現象ともなった。そのタイトルは『帰って来たヨッパライ』。歌詞の内容も人を喰ったものだが、回転数を早回しにして声を変える趣向もユニークだった。素人がメジャーな会社をバックにしなくてもヒット作を出し、しかも流通媒体の発信源がラジオの深夜放送だったことが、クルセダーズを「アングラ・フォーク」と呼ばしめた理由である。これが日本で「アングラ」という言葉が社会化された初めての現象だった。

音楽のアマチュアによる革命は、演劇界の唐や寺山と通底するものがあった。そこから「アングラ演劇」という言葉も派生した。ただしこの言葉は、当初、侮蔑的なニュアンスで使われ、当事者は決して自分たちのことを「アングラ」とは名乗らなかった。

六七年を前後して二つの注目すべき作品が発表された。不条理劇の旗手、別役実の『マッチ売りの少女』（一九六六年初演）と安部公房の『友達』である。別役は同作で第一三回岸田國士戯曲賞を受賞し（一九六八年）、新進気鋭の劇作家として、当時の新劇を中心とする演劇界に好意的に迎え容れられた。これは早稲田小劇場で初演され、演出は鈴木忠志だったが、別役は「アングラ」とは呼ばれなかった。『友達』は安部の代表作であるが、上演した母体は新劇団の青年座。この劇は、ある青年のアパートに得体の知れない家族が侵入してきて、やがて部屋は乗っ取られ、青年は殺される。当時最新の「不条理」を扱ったものだが、手法はあくまでリアリズムに準拠していた。安部は小説家としては「前衛」で知られていたが、こと劇作家としては、「前衛」とは見なされなかった。別役は『言葉への戦術』で、安部の『友達』を徹底批判し、アングラと新劇の理論的差異を鮮明にした。その意味で、一九六七年は、新しい演劇の台頭と古い演劇観の退却が明白になった年でもあった。

(2) 肉体の革命——一九六八年

一九六八年は、「肉体」が時代のキーワードとして跋扈《ばっこ》した年でもある。

唐十郎は演劇論エッセイ『特権的肉体論』を発表し、これは以後の彼の代名詞ともなった。その後、唐は戒厳令下のソウルで上演し、シリアやパレスチナの難民キャンプに遠征するなど前代未聞の活動を展開し、肉体を持った「行動する演劇人」として、時代を牽引する存在となった。

この時代のもう一人のシンボル的存在は、暗黒舞踏の土方巽である。彼は唐の師匠でもあり、この年に発表した『肉体の叛乱』は、彼の代表作となった。この舞台のメインタイトルは『土方巽と日本人』。土方は時代の表層を突き破り、日本人の根幹に達する射程を見据えていたのだ。土方の出発点は一九五九年の『禁色』である。言うまでもなく、三島由紀夫の禁断の小説だ。彼はこの舞台で三島と知己を得、「暗黒舞踏」が事実上スタートした。屈曲した貧弱な肉体を武器に西洋文化にまみれた日本文化を批判し、日本のオリジンを取り戻そうとしたのが舞踏である。

寺山もまた西洋にどっぷり浸かりながら、彼自身の出自である「東北性」を手放さず、自らの方言に固執した。寺山の「東北弁」は彼にとっての肉体そのものだった。そのローカル性が後年、世界性を獲得することになる。

「肉体」のもう一つの淵源は、アントナン・アルトーである。彼の著書『演劇とその分身』（当時のタイトルは『演劇とその形而上学』白水社、一九六五年）でアルトーの名前はアングラ世代を中心に知れ渡っていた。西洋文明を根底から批判したアルトーは、言葉だけの演劇を否定し、身体に基盤を持つアジアの演劇、とりわけバリ島の舞踊に着目した。肉体の記号性を突き詰める東洋演劇にアルトーは魅せられたのだ。アルトーは唐や寺山をはじめ、アングラ演劇の精神的なバックボーンとなった。

もう一つのキーワードは「新宿」である。

六九年、大島渚の『新宿泥棒日記』が公開されたが、この映画には一九六八年当時の「新宿」

の路上戦が見事に映し取られていた。ジャン・ジュネの小説名からタイトルをとったこの映画は、新宿を舞台に展開していた当時の文化現象や時代の表層をドキュメント風に切り取ったものだ。ここで登場する奇妙な芝居集団こそ、若き日の唐十郎と状況劇場だった。新宿駅前広場に白昼忽然と出現する褌姿の唐十郎に象徴されるように、ただならぬ気配が都市を覆っていた。この時の舞台は、唐の革命劇『由比正雪』である。

演劇界では、後の黒テントの活動に収斂される演劇センター68が結成され、プロレタリア演劇運動の生き残りだった程島武夫の転形劇場の旗揚げに参加したのが太田省吾だった。ここでアングラ演劇の担い手たちはほぼ出揃った。

六八年、パリ五月革命のうねりの中、その年の10・21の国際反戦デーは、ついに「騒乱罪」が適用されるほどの激震が起こった。この時期から「新宿」は特別な街となった。

（3）新宿路上戦争――一九六九年

一九六九年正月早々、新聞紙面を一つの演劇的事件が飾った。いわゆる「新宿西口事件」である。前年、街の浄化を理由に花園神社から状況劇場の紅テントが追放された。その腹いせに、唐は一枚のビラを配った。「新宿見たけりゃ今見ておきゃれ　じきに　新宿　原になる」。唐はリベンジを試みた。まだ再開発される前の新宿西口公園（現在の中央公園）に目を付け、この地で公演しようとしたのである。けれども美濃部革新都政からは許可が下りない。革新勢力は新劇とつながりがあったが、アングラ派には冷たかった。そこで状況劇場は「無断上演」を強行した。およそ二百人ほど集まっていた観客が開幕前に見た光景は、公園入口を封鎖し、道具を積んだリヤカーの侵入を阻止する機動隊の姿だった。多くの観客が公演は無理だろうと思っていた矢先、暗闇から伝令が現われ、高らかにこう宣した。「状況劇場、ただ今から上演開始します！」と。見ると、公園のはるか彼方に、いつの間にか紅テントの旗が翩翻《へんぽん》とひるがえっているではないか。欣《きん》喜《き》雀躍《じゃくやく》した客たちはテントに雪崩込み、『腰巻お仙　振袖火事の巻』の幕が切って落とされた。この舞台を観た演劇評論家の扇田昭彦に唐は「怪人二十面相の手口ですよ」と語ったという。ある一ヵ所に注意を引きつけておいて、その裏からまんまと侵入する。敵を欺く怪人二十面相の常套手段である。扇田はこの時、唐十郎の「本当の才能のすごさ」を認識したと語っている。不可能と思われることを難なく実現してしまう唐の天才性。「行動する演劇人」の面目躍如がここにあったのだ。

　夏に「日本列島南下興行」をトラックで挙行する唐と状況劇場は、さながら時代の切っ先を疾走する芸能者のシンボルに映ったことだろう。旅先で出会った学生を中心とする若者たちは、演劇的な刺激を受けるばかりか、それ以上にこの時代を闘い抜く彼らの行動に魅せられたのである。全国各地の大学で闘争の炎が燃え盛り、バリケードが築かれた。紅テントの空間はそれと同質のものを胚胎していた。芝居の内容は、彼ら若者たちの想像力で増殖されて、いっそう過激に燃え上っていった。

状況劇場とともに、観客の想像力に油を注いでいったのが、演出家・蜷川幸雄と劇作家・清水邦夫を中心とした現代人劇場である。新宿の前衛映画の拠点だったアートシアター新宿文化劇場で彼らの事実上のデビュー作『真情あふるる軽薄さ』が幕をあげたのは、その年の秋だった。学生たちはデモ帰りに劇場に押し寄せ、彼らの活動にシンパシーを表明する舞台が観客の期待に応えた。まさに時代のど真ん中に演劇が降り立ち、観客とともに舞台が起ち上がったのだ。

この年に寺山修司と天井桟敷は初めて海外公演を敢行し、喝采を浴びた。日本で彼らの実験演劇は必ずしも称賛されたとは言い難かったが、ドイツの国際実験演劇祭（エクスペリメンタ3）で彼らの評価は国境を越えた。この後アングラ演劇は世界に向けて発信されていくのである。

渋谷にはジァン・ジァンが開場し、その後に続く小劇場の草分け的存在となった。ジァン・ジァンは世紀末に向かうアンダーグラウンド文化のメッカとなり、演劇、ダンス、音楽に落語もレパートリーに加わり、まさに芸術・文化の通底路となった。しかし、この小劇場も二〇〇〇年をもって閉場した。すでに小劇場やミニスペースは数多くつくられ、実験的な劇場の役割を終えたという認識をもったからだろう。

（4）変わり目の始まり――一九七〇年

一九七〇年もまた動きの多い一年だった。大阪万博開催、赤軍派によるよど号ハイジャック事件（以上三月）、第二次安保闘争（六月）、そして一一月には作家・三島由紀夫の自衛隊・市ヶ谷駐屯地での割腹自殺事件があった。赤軍派から右翼の自衛隊乱入まで、幅広い事件が混在していたのが七〇年の特徴である。

この年の大きな演劇的事件は、「黒テント」による、全国移動公演である。出し物は『翼を燃やす天使たちの舞踏』。佐藤信を軸に斎藤憐、山元清多、加藤直の四人の劇作家による共同台本で、ベースになったのはドイツの劇作家ペーター・ヴァイスの『マラー／サド』。精神病棟の患者によって演じられるフランス革命の立役者、マラー暗殺の劇中劇だ。そこでは革命に向かう想像力が狂気と紙一重で演じられた。この出し物をもって黒テントの初めての移動公演が開始される。全国に跨がる大がかりなものだった。

この時、発表された「コミュニケーション計画・第一番」には、これまでにない社会変革を射程に入れた黒テントの壮大な構想が提案されていた。「移動劇場、拠点劇場、壁面劇場、教育・出版」。こうした四つの柱を軸に展開される運動論は、演劇を超える破格のスケールを持っていた。本格的な「革命構想」を繰り出した黒テントは、「運動の演劇」を標榜し、集団としてのメッセージをぶつけた。これを理論的に展開する季刊『同時代演劇』も創刊された（編集長はイデオローグだった佐伯隆幸）。この機関誌は唐、寺山から鈴木まで巻き込むアングラ・小劇場運動を集約し、のみならず、山口昌男や中村雄二郎、高橋康也らアカデミズムからの寄稿も掲載し、文化革命の様相を強烈に印象づけた。

黒テントの旅公演は、紅テントのアナーキーで開放的なものとは異なり、全国津々浦々を計画に沿って巡回するものだった。後に、田中角栄首相によって提唱される「日本列島改造論」（一九七二年）を先取るもので、これは驚きに値する。

この七〇年を皮切りに、いわゆる「アングラ第二世代」が相次いで出立した。流山児祥と演劇団、岡部耕大と空間演技（以上七〇年創立）、山崎哲とつんぼさじき、岡本章と錬肉工房（以上七一年）、翠羅臼や桜井大造による曲馬舘（七三年）。アングラ・小劇場の運動は一世代で終わらず、後続に引き継がれたのである。

(5) 政治闘争劇の激化――一九七一年

七〇年安保条約は一〇年前とは違って大きな混乱もなく、自動延長となり、反対勢力は無力感に襲われた。六〇年の安保闘争は全国的な闘いの中心が国会周辺にあったが、七〇年安保はむしろ闘いの場は地域の局所にあった。その戦場の一つが三里塚である。ここでは成田空港建設のため、農地買収をめぐって権力側と、近隣の農民と彼らを支援する学生との間で壮絶な闘いが繰り広げられた。

演劇でこれに対応したのは、現代人劇場の『鴉《からす》よ、おれたちは弾丸《たま》をこめる』（清水邦夫作、蜷川幸雄演出）である。闘争に関わった青年の裁判を支援するために三里塚の老婆たちが法廷を占拠するという荒唐無稽な芝居だったが、他方で若者と老婆の連帯は新しい可能性を拓くものでもあった。が、三里塚の現実の闘争も劇中の闘争も結末は敗北に終わる。団員に活動家が多く含まれる現代人劇場にとっても、闘争という現実は、演劇という虚構と地続きだった。闘争の終わりとともに、現代人劇場は疲弊し、解散した。

この作品は、二〇〇〇年代に入って、蜷川幸雄が創設した高齢者劇団「さいたまゴールド・シアター」で繰り返し再演され、同劇団の代表作になった。蜷川にとっても思いの深い作品だったに違いない。初演時には若者たちが老婆を演じたが、三〇年以上経って、本物の老優が演じた時、この劇は不思議なリアリティをもって蘇生した。蜷川はこの時、「若者」を演じた本物の若者たち「さいたまネクスト・シアター」に後続を託したとも言えよう。

一方、佐藤信と黒テントは一九六九年から『鼠小僧次郎吉』の連作を開始した。義賊の鼠小僧は革命の代名詞であり、虚構の物語としての「革命劇」を発信した。けれども、この革命は「子の刻」五分前に頓挫する不発の革命だった。以後、この連作は四本の改訂版が創られ、『嗚呼鼠小僧次郎吉』（七一年）が完結編となったが、彼らは一貫して革命の不可能性を提示し続けた。そのためか、芝居の内容はひどく暗かった。それは時代の暗澹たる気分を代弁するものでもあったのだろう。佐藤は『嗚呼鼠小僧次郎吉』で第一六回岸田國士戯曲賞を受賞した。

(6)最後の光芒――一九七二年

アングラが最後のピークを迎えるのは、一九七二年である。三月、唐十郎は戒厳令下のソウルで、『二都物語』を強行上演し、これが初の海外公演となった。この時、彼らを導いたのは「抵抗の詩人」金芝河《キム・ジハ》である。彼は公演終了後、「親日派」として逮捕され、死刑を宣告された。これは後に撤回されたが、日韓の関係がきわめて難航していたときに、あえて火中に飛び込むのが唐だった。四月に、凱旋公演と称して、上野不忍池などで上演されたが、これが伝説の舞台となった。池から荷物を背負って登場する俳優たちに、玄界灘を潜り抜けて日本に帰還した亡霊の姿を観客は幻視したからである。東京とソウルを彷徨うリーランという女性がいる。彼女は行方不明になった兄を探し求めて二都市を経巡る。このヒロインは「牛馬も叩き殺す」唐の創作した傑出した女丈夫でもあった。

早稲田小劇場は、座付き作家だった別役実の退団(六九年)後、演出家・鈴木忠志による構成舞台に方向を転じた。ここで、女優の白石加代子を軸とした『劇的なるものをめぐって』シリーズが始まる。その代表作が『劇的なるものをめぐってⅡ』(七〇年)で、この舞台がフランスの諸国民演劇祭に招聘されたのが一九七二年だった。この劇団は初めてヨーロッパに渡ったのである。公演自体は試演に近かったが、鈴木がヨーロッパの前衛劇市場に登録されるきっかけになった。

鈴木の方法は言葉と身体の関係を探ることで一貫していた。ベケットや泉鏡花などさまざまな言葉の断片をコラージュしながら一人の俳優の中に巣食うさまざまな記憶の相を切り出す実験が追究された。演技とは自分でない誰かに「変身」するのではなく、自らの内にあって見えない部分を「顕身」させることなのだ、というのが鈴木の演技論の根底にあった。既成の文脈から切り離された言葉は、「本歌どり」のように原典を批評し、別の文脈を発生させるのである。

一九七二年の二月、凄惨な事件が起こった。連合赤軍による「あさま山荘事件」である。その後、「総括」という集団内リンチ事件が判明した。過激派の内ゲバが演劇集団に与えた影響は甚大だった。闘争目標を見失った集団は矛盾の矛先が内部に向かう。その結果、敵を味方の中に見出す内ゲバは避けられない。その現実の末路を目のあたりにしたからだ。過激派の政治集団も演劇のような表現者集団も、つまるところ集団原理は同一であることを再認識させられた。

この問題を正面から見据えた舞台を創ったのが劇結社櫻社だった。現代人劇場を解散し、四人の同人――蜷川幸雄、清水邦夫、石橋蓮司、蟹江敬三によって再始動した櫻社は、一〇月に、『ぼくらが非情の大河をくだる時』で、連合赤軍事件への応答を試みた。この劇は美しくも抒情味あふれる舞台で、同時に敗走する若者たちを追慕する劇でもあった。政治と演劇が拮抗する状況はもはや破産寸前だった。翌年、彼らは『泣かないのか？　泣かないのか一九七三年のために?』を最後に、五年間続いた新宿での路上戦に終止符を打った。蜷川と清水は、客席にかつてのような活気がなくなり、すでに消費的な観客が来場していたこと、時代の潮目は急速に変わりつつあったことを痛切に感じていた。

(7) 運動の終焉とその後——一九七三年

一九七三年、新進気鋭の劇作家、つかこうへいが『初級革命講座　飛龍伝』を発表する。後に、若者を中心に絶大な人気を誇ったつかの出発だった。

この劇は、一面で革命運動の帰趨を問うものでもあった。挫折した学生運動家と彼をマークしていた機動隊員の心理的攻防戦。かつての革命の前線の記憶を胸の内に秘めて隠遁している活動家はいつか起ち上がる機会を狙っている、そう信じる機動隊員は監視の目を緩めない。現在の「監視社会」を先取りするかのような設定は、「学生運動」の辛辣なパロディでもあった。舞台で言及された学生運動は、現実においては渦中にいた者たちに冷水を浴びせるものでもあった。こうした現実の中で、後退戦を強いられた左派の運動家たちは、七三年を分水嶺として急激に変質していく。運動は孤立化し、また先鋭化し、七四年の三菱重工ビル爆破事件に象徴される「テロ」化に向かい、市民からの心情的な支援は薄れていった。

熱い革命的な気運の衰退を決定づけたのが、オイルショックだった。日本経済は初めて右肩上がりから転じた。もはや政治の季節の再来は起こらず、時代は大きく蛇行していった。具体的な行動を起こさない＝起こせない民衆の苛立ちが内出血していく前兆でもあった。それを端的に表わしたのが、つか芝居だった。

この一九七三年は、ベトナム戦争の終結を意味する和平協定が結ばれ、米軍の撤退も完了した。国内的には、水俣病の和解も進み、南こうせつとかぐや姫の「神田川」がヒットするなど、優しさと寛容が時代の気分になりつつあった。

(8) アングラ革命とその時代

一九六七年から七三年。これを「アングラ革命の時代」と呼ぼう。

この時代を牽引したのは唐十郎だろう。だが彼は単独で出現したわけではない。むしろ六〇年代という時代が母胎となって、次々と才能が輩出したという方が適切だろう。

唐の兄貴分的存在だった寺山修司は天井桟敷を創設し、アングラ演劇の双璧となった。大学時代から交流があり、作品を見せ合う仲だった別役実と早大自由舞台を率いていた鈴木忠志らが状況劇場のライバル、早稲田小劇場を結成し、小劇場運動の拠点となった。紅に対して黒いテントを引っ提げて活動を開始した佐藤信と68／71黒色テントは地方で覇を競った。唐と蜷川幸雄との交流は生涯続いた。蜷川が小劇団を解散し、苦境に陥っていたときに救いの手を差しのべたのが唐だった。蜷川はこの恩義を終生忘れなかった。自分が大劇場で成功した後でも、唐作品には最後までこだわり続けた。扇田昭彦という劇評家の存在も大きかった。扇田は同世代の才能たちを朝日新聞などで取り上げ、次々と押し上げていった。彼もまた劇現場に随伴し、精力的に批評を展開する活動家だった。

こうしたライバルや同志との相互作用がなければ、「唐十郎」は誕生しなかったろうし、随伴する観客と批評の存在がなければ、一個の才能としてたやすく消費されたに違いない。例えば、後続のつかこうへいが若者文化として消費されていったように。「運動」が継続したことの意味は、まぎれもなくそこにあった。「別個に立って、共に撃つ」といった流儀が底流にあったのである。

アングラ演劇を担った劇作家、演出家たちはほとんど男性だった。それ故、ホモソーシャルなコミュニティを形成しがちだった。だが彼らの演劇を実際に動かしていったのは、女優たちである。唐十郎と李礼仙（麗仙）、鈴木忠志と白石加代子、寺山修司と新高恵子、佐藤信と新井純、串田和美と吉田日出子、蜷川や石橋蓮司と緑魔子。いずれもヒロインを演じた女優なくして、彼らの演劇は語れない。そして最後は多くの場合、女優の鮮烈な決め台詞で締め括られていた。これは作者（男性）の思いをヒロインが代弁していたとも言える。いわば彼女らは「女神」たちだったのだ。だがその反面、男が理想とした女性像が舞台に過剰に投影された面もなくはない。果たしてその女性像は女優にとって何だったのか。八〇年前後から女性を主宰とする劇団が陸続と誕生した。如月小春、渡辺えり子（現・えり）、木野花と青い鳥、岸田理生らである。彼女らが描く女性像はおよそ男が仮託する女性像とかけ離れて、等身大で身近な女性たちである。後続者たちの前世代への違和感がこめられていたと解することもできる。フェミニズムやジェンダーという言葉が登場するのは一九八〇年代以降、つまりアングラ世代の後続者たちの時代だったのである。

他ジャンルとの「通底路」があったことも見逃せない。唐は映画で若松孝二の『犯された白衣』、大島渚の『新宿泥棒日記』、松本俊夫の『修羅』に出演している。寺山は実験映画に続き、『田園に死す』や『書を捨てよ町へ出よう』といった長編映画を手がけ、映画と演劇を股にかけて活動した。両者の距離は存外に近かった。

ニューフォークとアングラの関係もまた根強かった。小室等のヒット作「雨が空から降れば」は別役の劇中歌（『スパイものがたり』）だったし、寺山修司は作詞家として「戦争は知らない」や「時には母のない子のように」という名曲を生んだ。当時、一世を風靡したシンガーソングライターの岡林信康が黒テントに協力したこともある。あがた森魚《もりお》もつかの芝居に生出演し、劇中で歌った。フォークのカリスマたちはアングラ・小劇場へ気軽に越境し、両者の精神的な地続き性は明白だった。

音楽と演劇との親和性として、黒テントは林光とクルト・ヴァイルを定番とし、太田省吾は当時知る人ぞ知るエリック・サティを使いこなした。天井桟敷の座付き音楽家、J・A・シーザーのシンセサイザー曲は舞台と密接につながっていた。安保由夫の歌は唐十郎劇の音楽（『唐版・風の又三郎』など）になくてはならないものだった。例外は鈴木忠志で、彼は既成の歌謡曲を引用し、歌詞も一種の台詞と見なしていた。

時代に抵抗する文化。これを「カウンターカルチャー」と呼ぶなら、この思想がアングラが台頭する六〇～七〇年代には根を張っていたことは間違いない。サブカルチャーという下位（従属）文化が幅を利かすようになったのは一九八〇年代になってからである。サブカルチャーは消費社会の波に乗って、一挙に商品化された。いわば「毒を抜いたカウンターカルチャー」がサブカルチャーを縮めた「サブカル」ある。アニメやフィギュアなどのグッズが急速に市場を席巻し、やがて世界に進出するようになる。アングラはその流れを拒むように、多くの者たちはあえて国内に留まった。肉体をともなう言葉は翻訳不可能であり、上演を支える劇場空間は移動不能だったからである。それ故、アングラは「世界化（グローバリゼーション）」されることに疑問を呈した。

「アングラ」を定義することは難しい。そこで、「サブカル」と比較対照することで、それを探ってみよう。

かつてサブカルチャーを代表する作品として、『ライチ・光クラブ』があった。原作は古屋兎《うさ》丸《まる》の漫画（ただし『ライチ☆光クラブ』）、これを舞台化したのが、東京グランギニョルを率いていた飴屋法水《のりみず》だ。一九八五年のことである。この作品は二〇一二年、江本純子（毛皮族）によって再演されたが、異端を好む若者たちに絶大な人気を誇った（映画やテレビ・アニメ化され、2・5次元演劇でも舞台化されたが、ここでは触れない）。

飴屋はもともと唐十郎の状況劇場の音響を担当していたが、彼の使いたい音楽（音源）は唐演出にほとんど採用されず、自分の好きな曲を使いたいがために、一回限りのつもりで東京グランギニョルをつくり、上演に踏みだした。それが飴屋の演出家としての出発点になった。この舞台が異端派の若者たちの心を摑み、時代を先駆ける作品となった。こうした流れが、サブカルの一つの底流となり、現在にまでつながっている。

サブカルは、「異端」そのものを自覚的に追求し、それがマイナー志向の若者たちに支持され、かえって巨大な市場を獲得するに至った。マイノリティこそが多数派だったのだ。サブカルの手前で、多様な価値観の間で揺れ動いていたのが「アングラ」だった。言い換えれば、近代芸術といったカノンを否定し、そこからの逸脱を志向しつつも、その先のイメージを明確に獲得できず、その手前で、暗中模索していたのが「アングラ」だったのである。

一回性、あるいは交換不能な単独性。テントや小劇場に立ちこめる匂いや演じる役者たちが発する言葉には、それまでの了解コードを一新しようとする強い意志があった。そこには還元不能な、唯一無二性が存在した。それらを一言で集約するならば、「肉体」ということになろう。「肉体の屹立」がアングラのイメージを形成し、土方巽はそれを「舞踏とは命がけで突っ立った死体である」と言明した。

一九六〇年代後半から七〇年代前半にかけて、文化や芸術のパラダイムを大きく変えていったのは、この「肉体」に集約される根源へ向かう思考だった。それが「演劇革命」を突き動かした生命力なのである。

3　アングラ・小劇場演劇の達成と限界

はじめに──シンポジウムの意図

現代演劇は停滞しているのではないか。それは演劇のみならず、芸術全般、及び学術や研究など知的な領域に関わる全体についても、同様のことが言えるのではないか。さらに「停滞感」は、芸術や表現を取り囲む政治や経済にまで、つまり日本社会全体に及ぶだろう。もしかすると、先進諸国にも同じ現象は起きているかもしれない。

それを打破するためには、現在を見ているだけでは十分ではない。歴史的な考察が必要となる。そこで、六〇年代後半に始まったアングラ・小劇場演劇に焦点を当てることで、現在の突破口にしたいと考えた。以下の項目で話を進めて行く。

1、アングラ演劇の定義

2、歴史的成立の背景と経緯

3、アングラ演劇の達成――理論と思想
4、限界の見極め
5、今後の課題――新たな展望へ

（1）アングラ演劇の定義

アングラとは何か。この言葉には、「認知されないもの」、「白昼に対する地下的なもの」、「いかがわしさ」「うさんくささ」といったイメージが浮かんでくる。もともと「アンダーグラウンド」を縮めたのが「アングラ」だが、この言葉は最初から、差別的な意味合いを含んでいた。実際、一九六〇年代に登場した演劇人たちは、自分たちのことを決して「アングラ」とは言わなかった。あくまで外部から、ジャーナリズムやメディアから蔑称的に使われた言葉だった。今では、歴史的名辞となった感があるので、以前ほど抵抗感はなくなったが、今でも「アングラ・マネー」や「アングラ情報」といった悪い意味合いでしばしば使われる。

だが六〇年代に使われたイメージは、もう少し独自のものがあった。例えば、平板な文化に対する攻撃性、既存の勢力への対抗性や反エスタブリッシュメント（反権威主義）……。そこから革命性やアナーキズムなども派生した。当時は、大学闘争、ベトナム反戦デモや国鉄ストライキなど近過去における最大のアンチの風が吹き荒れた時期でもあり、その熱気の中で、アングラは文化や風俗面で新生面を切り開いたのである。

その特徴として、行動力と肉体性という面が挙げられる。この頃流行した言葉に「アンガジュマン（参加）」があった。フランスの哲学者・小説家のＪ＝Ｐ・サルトルが唱えた言葉だが、知識人が大衆の先頭に立ち、政治状況の真っただ中で行動するといったニュアンスがこめられていた。芸術家は美しい世界を謳歌したり、現実逃避の夢物語を綴るのではなく、政治や現実へ肉体をもって関わっていく。芸術とは批評行為の別名だったのだ。

アングラはこの時期、他ジャンルともシンクロした。例えば、芸術界でもっとも早く動き出したのは映画である。大手の映画会社、いわゆる五社映画から、「松竹ヌーヴェルヴァーグ」と呼ばれる新しいムーブメントが起こったのは、一九五〇年代末である。大島渚、篠田正浩、吉田喜重といった若い映画監督がオリジナルの脚本をもって清新な作品を生み出し、時代に切り込んだ。既成の枠から外れた若者のメッセージがそこに託されていた。

一九六〇年代の音楽界では、歌謡曲とは別に、ニューフォークが新しいジャンルとして出現した。自ら作詞・作曲した曲をギター一本で演奏し、自ら歌う。つまりシンガー・ソングライターの登場だ。その象徴的な事件が、ザ・フォーク・クルセダースの「帰ってきたヨッパライ」（一九六七）である。京都の大学生だった三人が〝卒業記念〟に作成したレコードが爆発的に大ヒットしたのである。この曲はわざと回転数をずらし、内容も交通事故で天国に昇天した酔っ払いの、冗談混じりのパロディ曲だった。「アングラ・フォーク」の走りである。ここから「アングラ」という言葉が一般に広まったと言われる。

美術界でも、ネオダダ、ハプニングといった動きがあり、ハイ・レッド・センターの動きも活発になった。

一九六七年前後は、演劇界でも大きな転換点となる動きがあった。まず一九六六年には早稲田小劇場（現ＳＣＯＴ）が結成され、翌六七年には唐十郎率いる状況劇場（現唐組）が紅テントを初めて新宿花園神社に建て、寺山修司率いる「演劇実験室◎天井桟敷」が結成された。六八年には、黒テント（演劇センター68）や転形劇場が創設され、小劇場運動の担い手たちはほぼ出揃った。アートシアター新宿文化を舞台に蜷川幸雄や清水邦夫が活動を開始したのも六八年である。

当時の新宿は政治と文化のメッカだった。西口地下広場ではフォークの集会が開かれ、風月堂に文化人や芸術家が集まり、ジャズ喫茶のピットインでは山下洋輔らが活躍していた。その状況の真っただ中で、肉体を駆使した演劇が出立したのである。

各ジャンルに起こっためざましい動きの通底路として「アングラ」を捉えることができる。既成の価値観へ揺さぶりをかけ、逆説、アイロニー、パロディといった技法が用いられ、上の世代への挑発と破壊が大胆に試みられた。また従来の演劇教育を受けていない素人性（学生演劇も含む）を武器に、自分たちの生き方を問うこと自体を表現の根拠とした。芸術表現は生活と無縁ではなく、むしろ芸術と生活を地続きに考えるところから、「表現」が始まる。

ここから「演劇革命」が生まれた。それまでの演劇を全否定し、新たな演劇像を打ち立てること。狭義には、近代演劇としての「新劇」との切断をはかり、理論を一新することである。一九六〇年代後半から七〇年代前半に起こった演劇現象とそこで生まれた演劇思想をここで「アングラ演劇」と称することができる。そして現代演劇はそこから始まり、現在でも依然としてその影響圏にあると言えるだろう。

(2) 歴史的成立の背景と経緯

ここで「アングラ・小劇場」を世界演劇史の中に位置づけてみよう。

二〇世紀は二度大きな芸術の転換期を迎えた。一度目は一九二〇年代のアヴァンギャルド芸術運動である。イタリアの未来派にはじまり、ロシア・アヴァンギャルド、ダダ・シュルレアリスム、ドイツ表現主義といった前衛芸術運動がヨーロッパの先進諸国で起こった。これまでの芸術の概念を打ち破り、具象より抽象的な概念や構図を重視し、機械化された文明の中で、無意識や内面にあって認識できないことを積極的に称揚するなど、人間に対する概念の変更とも連動している。またロシア革命のような歴史的事象に呼応して、劇場から街頭へ演劇を連れ出し、都市のスペクタクルを生み出すなど、芸術と社会の関係を再考させることにもなった。

二度目は一九六〇年代に様々なジャンルで起こった表現の革命である。なかでも演劇はその運動の中心にあり、ヨーロッパ、米国や日本などのアジア諸国にもほぼ同時的に波及した。戦後二〇年程経って、各国で戦後体制の歪みが生じ、東西両陣営においても同様の矛盾が待ち受けていた。ベトナム戦争や東西の冷戦、植民地主義の崩壊とアジア・アフリカ諸国の抬頭など、戦後パラダイムの転換と軌を一にしている。

世界史的転換と演劇の変化は相即的である。一九六八年は反体制運動、大学闘争が世界同時的にピークに達した時期だった。知の叛乱と政治の再編成は同時に進行するのである。

その後、八九年のベルリンの壁倒壊から東欧圏の崩壊と冷戦構造の終結、第三世界、とりわけオイルマネーによる中東の存在感の増大とイスラム圏の拡大、科学の発達にともなう自然環境の変異と地球規模の危機的状況、中国の国際的進出による新秩序。これらの世界史的事態が始まるきっかけが、他ならぬこの六八年前後にあったのだ。

日本では近代史、戦後史への反省期を迎えた時期に相当する。六〇年安保と六八年の新左翼系の抬頭は、左派の運動が分裂する歴史でもあった。戦後民主主義、啓蒙主義への批判がそこで闘わされたが、先鋭的な理論闘争は、政治と大衆の関係を離反させた。その水面下から、保守思想が徐々に形成され、以後、政治の右傾化が始まっていく。同様に、八〇年代以降の消費文化の隆盛は芸術文化と消費的娯楽を分断させた。こうしたプロセスの中で、アングラの思想はゆるやかに後退していったのである。

ほぼ四〇年ごとに大きな転換があったとしたら、二一世紀には三度目の切断と革命が起きているのだろうか？　あるいは気づかないまま、今この時も現在進行形で起こりつつあるのだろうか。

こうした未来予想図を組み立てるためにも、アングラ・小劇場の理論を再検討してみよう。

（3）アングラ演劇の達成——理論と思想

ここで、アングラ演劇の理論を確認しておこう。

A、戯曲から上演へ

アングラ演劇の出発には、上演に対する新たな見直しが根底にあった。それ以前の近代演劇＝「新劇」は、文学重視の演劇であり、戯曲を頂点とする想像力のヒエラルキーが厳然としてあった。戯曲の意図を俳優に伝えるのが演出の役割で、演技はあくまで戯曲の意味内容を解説的に伝達し、それを観客が受容し、味読する。こうした意味の貫通構造が上演を支配していた。

それに対してアングラ演劇は、上演と戯曲の関係を転倒させた。厳密に言えば、言葉と身体の関係である。言葉に従属した身体から、身体に従属した言葉、という反転。俳優の演技は戯曲の意味内容を伝達する媒介である以上に、それ自体が独立した表現体であることを主張した。観客が舞台で真っ先に接するのは、俳優の身体であり演技だ。この当たり前の事実に立ち返ったのがアングラの主張だった。

その前提にあるのは、「演劇とは俳優と観客の間で起こる出来事」という認識である。あらかじめ作家によって書かれた戯曲を立体化し、再現するのが近代演劇だとすれば、「今・ここ」で起こる現象＝現実こそが演劇の本体であるという考え方である。

B、演技と身体

俳優中心主義を真っ先に提唱したのは唐十郎である。彼の「特権的肉体論」は、演劇の中心的想像力を俳優に取り戻そうとする演劇論だ。彼は優れた戯曲の前に、「バリッとした役者があるべきなのです」と語り、肉体を前面に押し出した。こうした発想は、言葉の位相を変えた。もともと言葉とは肉体の内部に潜んでいるものであり、肉体から言葉を生み出すのが劇作家の仕事である。唐十郎は「当て書き」という方法で、俳優を生き生きと舞台に躍動させたのだ。

早稲田小劇場の鈴木忠志は、さまざまな言葉の断片を俳優に与え、女優の白石加代子がその言葉を生き直すことで、肉体の深層に降りていく。これが『劇的なるものをめぐってⅡ』（一九七〇年）で成功を収めた。演技は自分ではない誰かに「変身」するのではなく、己の中にある「もう一人の自分」に出会い、俳優は、即興性や自在な語りによって、現在という時間を起ち上がらせ、観客に「今・ここ」の時間を体感させる。身体によって演じられる時間は、今まさに他者との関係を生成する時間そのものだ。それを観客は共有し、共感をもって受容する。

C、集団性

上演は必ず集団によって担われる。仮に一人芝居であっても、観客という集団と対峙する。そこで重要なのは、集団的想像力である。これはアングラ演劇の要になる概念だ。

集団的想像力とは、劇が生成されてくる創造過程を重視することである。書かれた戯曲の言葉を演出家と俳優が稽古場で試行錯誤しながら「舞台の言葉」に昇華していく。そこで俳優は受け身でいるわけにはいかない。ある意味で、作家性を求められるのである。唐十郎は「台本は役者自身が書けばいい」とまで述べている。これは一種の比喩に過ぎないが、集団で言葉を探ることが、小劇場の創造の根幹にあったことをこの言葉は裏付けている。そこからオリジナル戯曲の必要性が生まれた。

一人の劇作家の書いた言葉は集団によって検証され、集団の言葉に成長していく。ここで重要なのは、個人を凌駕する集団性ということだ。日々顔を合わせる仲間たちがいて、初めて集団の問題が浮上してくる。そのためには互いが問題を探り合い、恒常的に現場を共有する「運動体としての劇集団」が必要になる。

無名の何も持たない若者たちは徒党を組むことから演劇を開始する。そこから自分たち自身で演劇の方法を開発する。そうせざるをえないとも言える。ここで個人と集団の関係とは、社会に対応する。自分たちが社会的にどういう立場で生きていくのか。アングラ演劇は個々人の生き方を問うものだと先述したが、バラバラな個人になって生きていくことは、資本の消費の論理に回収されていくことだ。そのシステムに抗うために、生き方自体を変え、社会を変えていく。そうした生活の実験を試みることこそが「革命」だろう。そして革命に至る方法を集団を根拠に据えたのがアングラのもっとも重要な思想なのだ。

演劇を自明なものとせず、むしろ自分たちの生き方を基盤にして、集団的な表現を獲得すること。独自の演技の発明も、既成の劇場の否定や新たな上演方法の探究も、突き詰めれば、今までにない「集団の表現」を実現しようとすることがめざされた。既成のものに囚われず、既存の技術から離れるには、ある種のアマチュアリズムが武器になる。生活を変えることが演劇を変えることであり、それこそが「演劇革命」なのだ。

D、非劇場

既成の枠に囚われない上演ということで言えば、テント劇場での公演や野外劇、市街劇といったものが、もっとも可視化しやすい。これは別の面で劇場と都市の回路を変えた。

例えば、額縁舞台が常設される近代劇場は、戯曲を丁寧に上演するためには格好の器である。幕によって開演前に舞台と客席は切り離され、幕が上がり、光の当たった舞台を暗い客席から覗き見る——これが近代劇の観劇の定番だ。これを打ち破ったのがテントや野外劇である。すでに両者を分断する幕もプロセニアムアーチも存在せず、それどころか都市の喧騒が否応なく入り込んでくるテント劇場。そうした「非劇場」は、都市に向けて開かれた容器なのだ。観客もまた社会に向けて、さらされる存在だろう。

六〇～七〇年代の小劇場は、劇場とは異なった空間の再利用によって成立した。倉庫や空きスペースを改装し、自由劇場や早稲田小劇場が誕生したのだ。濃密な演技の追求がなされたことと、空間としての小劇場の成立は切り離せない。集団性を基盤とした演技論がここで産声をあげた。鈴木忠志、太田省吾の演劇＝演技論はここでの試行錯誤から生まれた。

例えば、能楽堂を使った転形劇場の『小町風伝』（一九七七年）は、六百年以上の能の歴史を逆手にとり、その制約を打ち破る前衛的な試みとして高く評価された。聖なる能舞台に、俗なる生活空間を持ち込み、両者の差異を際立たせた。それは伝統と現代を対決させることでもあった。テント劇場はあくまで仮設であり、移動することが目的の劇場である。しかし考えてみれば、中世からルネサンスの頃の演劇は野外に設けられた仮設舞台で演じられることが常だった。シェイクスピアも半分野外で上演されていたこともある。建物としての劇場に収容されたのは、近代になってからであり、密閉された室内劇場で上演される方がはるかに歴史は短いのだ。

古代ギリシア劇も歌舞伎も野外で始まったものであり、アングラ演劇はその始原性へ回帰することで、近代を超えようとしたとも言えるだろう。

E、観客と運動

二〇世紀演劇の大きな特徴は、観客の変容である。観客は単なる鑑賞者や受け身的でなく、能動的な参加者に変貌した。ピーター・ブルックは「二〇世紀になって観客はアシストする役割になった」と述べている。舞台を支え、傍観者でなく、一緒に創造していく協同者、もしくはサポーターに近い存在だろう。そこに観客を含めた現代演劇の運動がある。

「運動」とは、社会運動や政治活動に近いニュアンスで使われることが多い言葉だが、これが演劇と結びつくと、どうなるのか。「演劇運動」という言葉は、観客の啓蒙活動によく使われた。政治的に目覚めていない観客に知識を与え、活動に参加を促す。だがこうした運動は。「上から」与えるという上意下達の意味合いが強くなる。

それに対して、黒テントは、「運動の演劇」と逆転して用いた。演劇は道具であり、演劇を使って他者、民衆と出会うのだというニュアンスである。啓蒙とは違って、観客との関係を対等に保ちながら、自らの中に「演劇とは何か」を問い続ける。そのことを通じて、表現そのものを変革する。そこに受け手である観客も加わり、総じて、演劇を通して、社会全体を変革していくのである。それがアングラ・小劇場の根底にあった「運動」だ。アングラ・小劇場の担い手たちは、こうした認識を共有し、公言するか否かとは別に、誰もが自分たちの営為は「運動的」であると自認していた。

その後、なぜそれが継続されなかったのか。八〇年代以降、現代演劇は消費社会のなかに飲みこまれていったからではないか。また観客を含めて多くの者たちが、他者との関わりに積極的でなくなり、孤立を求めるようになったことも考えられる。つまり、社会全体が縮小化したことも要因の一つだろう。他人との関係が希薄になれば、変革という思想自体が失効していく。六〇～

七〇年代の反体制運動の経験を踏まえた権力側が、個々人をバラバラに分断し、掌握しやすいように再編成したとも考えられる。そのために、かつてのようなハードな管理ではなく、ソフトな管理に移行したとも言える。適度に自由を与えながら、柔らかく管理する。これを「ソフトファシズム」と言う人もいる。

かくして、八〇／九〇年代以降、運動は継続されなくなった。アングラはそこで変質を余儀なくされたのだ。

F、伝統と現代

近代芸術を打破しようとするとき、しばしば伝統芸術や伝統芸能が戦略として用いられた。現代人にとって、歌舞伎や能・狂言といった「伝統」は大いなる財産だ。現代と伝統を往還するという仮説は、とても魅力的な方法に映し出される。

ただし伝統演劇は閉鎖性があり、なかなか安易に近づけない。幼少時から家の習い事として開始された芸能者たちは、芸の奥深さを身をもって知っており、子供の頃から身体に叩きこまないと、習得不能であることも熟知している。学生になって演劇を始めた者たちには決して到達できない高い敷居があるのだ。言いかえれば、アマチュアでは決して触れえない領域が伝統芸術には具わっている。

そこで、伝統の側から現代演劇に接近してくることが近道になる。例えば、観世寿夫、榮夫兄弟、坂東玉三郎、中村勘三郎（故人）、野村萬斎らである。彼らは自ら習得した演技や身体性、すなわち技芸を現代演劇に積極的に提供した。彼ら「玄人」芸が現代演劇に多くの滋養を与えたことは言うまでもない。七〇年代の観世寿夫は『バッコスの信女』、九〇年代の榮夫の『無』、勘三郎は野田秀樹に歌舞伎台本を書くよう促すなど、創作面で現代演劇の担い手たちを自らの土壌に引きこんだ。今では、現代の演出家が歌舞伎演出に従事することは珍しくなくなった。

ここで一つ注目したいエピソードがある。歌舞伎の風雲児だった故・中村勘三郎がまだ一〇代の若者だった頃、衝撃的な演劇体験をした。それは唐十郎の紅テントでの体験だった。観客が地べたに敷いた莚の上に座り、窮屈な思いをしながら熱狂的でめくるめくような劇体験をする。まるで江戸時代に河原で演じられた歌舞伎の原点を、ここに垣間見たというのである。アングラの精神的な原点に歌舞伎があったことを、歌舞伎の側から立証したと言うこともできる。事実唐十郎は、「現代の河原へ」を唱えていた。

G、総括として――実験と前衛

ここまでアングラ演劇の理論的な基礎を見てきた。最後に、近代演劇たる「新劇」と決定的に異なる局面を見ておく。それは実験精神と前衛の思想である。

かつて新劇は伝統演劇に対して前衛であり、実験的でもあった。そして一九二〇年代のアヴァンギャルド運動の渦中から誕生した面がある。だが二〇年代の前衛と六〇年代のそれは微妙に、しかし決定的に異なる。そのもっとも根本的な違いは、肉体論もしくは身体論の有無ではないか。六〇年代の思想として肉体論が精力的に論じられ、それは言葉の捉え方や身体との関係を変えてきた。近代思想の根源からの見直しにも通じる。

もう一つは、二つの世界大戦の経験、イデオロギーの変質にともなう社会構造の変容だ。この過程で芸術の役割は変化した。大量虐殺《ホロコースト》を経た戦後社会は、もはやヒューマニズムによって世界を捉えることはできなくなった。S・ベケットの不条理劇は、その終末的風景の中で、人間社会の「不条理」を描き出した。ベケットを通過した現代人は、もはや過去の美しい物語に回帰することは不可能になり、非可逆的な世界観、「不可能性の時代」に突入したのである。

六〇年代以降の芸術、とりわけアングラ演劇は、こうした時代の相の下で、前衛的であり、実験を繰り返すことで新しいパラダイムを探ってきた。この経験が、第一次と第二次のアヴァンギャルドを切断する大きな理由だろう。

(4) 限界と見極め

以上挙げたアングラの可能性は、やがて七〇年代末には変質していったと思われる。黒テントは、七〇年代末に、この状況を総括して、アングラを踏み越える問題を提起した。それは「アジア演劇」に向かう一歩だった。西洋演劇の模倣から始まった新劇、伝統演劇を否定的な媒介としながら、西洋演劇を乗り越えようとしたアングラ演劇、それは日本での現代演劇の誕生を意味するものだった。ただそれが歴史を反復したり、新たなナショナリズムへと回収されるとしたら、元の木阿弥になる。そこから一歩外に出る発想が「アジア」という外部、他者への視線だった。

しかしこの発想は七〇年代にすでに芽生えていた。アジアとの関係で言えば、「加害者」の側から日本とアジアの関係を捉え直す視点である。日本の戦後史は、二度の原爆で戦争終結、すなわち敗戦を迎えた契機から「被害国」というメンタリティを持つことで始まった。だがそれ以前に、中国侵略をはじめ、東南アジアへの日本進出があったのだが、そうした加害の歴史を広島、長崎の二つの原爆被害で都合よく忘却し、米国支配下による戦後政治が開始された。

そして戦後復興を経た日本は、今度は経済面でアジア侵略を再始動した。そのことを扱った作品が唐十郎の七〇年代前半の作品群、『二都物語』『ベンガルの虎』などである。戦前戦中の武力侵略は、戦後の経済侵略にとって代わられた。戦後の発展の裏にある否定的契機をアイロニカルに表現したのが、アングラのドラマである。アングラは、新劇のように「進歩思想」による戦後史に向かわず、複雑な回路を経た戦後史解釈をとらざるをえなかった。

佐藤信と黒テントの「喜劇昭和の世界」三部作（七二～七九年）はその頂点とも言うべき連作である。七〇年代までにつくられた作品は、多かれ少なかれ、戦後史批判と近代史の読み換えを大きな主張音としていた。アングラ演劇の担い手たちは、歴史批判、とりわけ「昭和」という戦争に抗する歴史劇を総がかりで展開したとも言えよう。

だが八〇年代に入ると、徐々に形勢が逆転していく。とくに八〇年代半ばから始まるバブル経済に象徴される「消費社会」の到来、情報資本主義の時代になると、それまでアングラの核となっていた肉体論、身体論が変質し、ヴァーチャル・リアリティ（仮想現実）やシミュレーション（模擬行為）といった直接性の排除が始まった。観客もまた同志的観客から消費的観客に移行し、演劇そのものの役割が微妙に変質していった。こうした事態を言い表わしたのが「エンターテインメント」という言葉である。これは「娯楽」が元の意味だが、アングラの時代では、この「娯楽」はアイロニカルに用いられた。楽しみの裏には「毒」があり、風俗的な現象の中に、政治的作為があった。こうした二重性、からくり性が、「エンターテインメント」には欠落している。単なる楽しみ、束の間の消費財といったように、表層的に用いられるようになった。「表層」とは八〇年代のポストモダンのキーワードの一つだが、表層によって歴史は「忘却」され、政治性は無化される。

劇集団もまた変質した。一九七二年の連合赤軍事件以来、先鋭的な集団は必ず自壊へ向かう、という俗説がマスコミやメディアを通じて周知徹底された。革命集団も演劇集団もまったく事情は変わらない。こうした背景には、集団におけるマチズモ、男性主導主義がある。実際、主宰の劇作家・演出家はほとんど男性で、集団の原理はあくまで家父長的であり、戦前の天皇制と同一の集団原理が反復されていた。

こうした活動形態は、女性の不満を助長した。描かれる女性像が、等身大の女性とは異なっていた。この反省から、八〇年代以降、女性主導によるフェミニズムの演劇活動が盛んになっていく。劇作・演出を通じて、女性たちの世界が初めて提示されたのである。

同時にマチズモによって排除されてきた、同性愛者や在日民族、障碍者らマイノリティにも注目が集まった。これらオルタナティヴといっていい演劇は、六〇年代を経て、八〇〜九〇年代に一斉に開花していった。これはある意味で、内在的なアングラ批判でもある。

時代やメディアも変質した。アングラや小劇場は、表現者側の内発的、自発的な欲求によって開始されたものだが、次第にイニシアティヴはメディアの側に移っていった。「エンターテインメント」という非‐文化化、商業主義の促進、他方で、巨大なイベント化が推進されていった。若者を消費の対象とする放送メディアと、大手広告代理店の存在がその背景にあった。その根底にあるのは「経済至上主義」である。経済を賦活するために演劇や文化が利用されていく。小劇場演劇もまたその環の中に取り込まれ、自発的な小劇場運動は徐々に活動範囲を狭められていったのではないか。

これは他方で、制度化の強化とも言える。与えられた場所＝商業劇場でやることが自明視され、非劇場派が困難になり、小劇場のミニ商業化も促した。例外として、大阪の野外劇の奮闘があったが、次第にテントを張る場所が減り、野外公演も困難になっていく。管理化の強化である。

換言すれば、自由な表現として開始されたアングラ・小劇場はさまざまな可能性の前に頓挫し、アングラの理念や理論は達成される手前で限界に達したと言える。外的、内的要因はさまざまに考えられるが、演劇革命は八〇年代以降の状況に呑み込まれていったのである。

(5) 今後の課題——新たな運動へ

ではこうした停滞、もしくは後退戦をいかに闘い抜くか。かなり自覚的な闘争が必要であることは言うまでもない。そこで具体的な課題を箇条書きにしてみよう。

・劇現場と学術(アカデミズム)の共同作業。(理論の実践)
・グローバル化した情勢の中で、海外グループとのハイブリッド化と相互交流。
・演技訓練を軸にした実践的な教育システムの確立。
・上演資料のライブラリー化と、アルシーブの整備。(世界の演劇の資料収集と過去の日本の上演映像)
・研究者やドラマトゥルグの養成と、劇場に所属する実践家(演出家、芸術監督)との集団作業の実用化。
・雑誌、とりわけ批評による対抗メディアの確立。

アトランダムに書き出してみたが、こうした作業の根底には、六〇年代から開始された現代演劇から、いまだ遠くに行っていないという現状認識である。アングラ・小劇場によって提起された課題はまだ検討可能な段階にあり、理論的整備が必要である。言い換えれば、「アングラはまだ終わっていない。いまだ途上である」という認識だ。アングラはようやく「第二期」に入ったのだと考えるべきだろう。

こうしたことを具体的に考えていくためにも、演劇史の再検討は必須になってくる。「アングラ小劇場」の検証とは、現在の停滞や危機を脱する時の有力な手がかりになるだろう。

※本稿は、二〇一六年一二月一七日に明治学院大学で開催された国際シンポジウム「アングラ・小劇場の成果と課題――現代演劇の未来に向けて」の基調講演をもとに改稿したものである。登壇者は以下の通り。（敬称略）

岡本章、梅山いつき、スタンカ・ショルツ（代読）、藤井慎太郎、ジョルジュ・バニュ、（聞き手：穴澤万里子）

アングラ・小劇場とは何だったのか

第二章

1　唐十郎を誤読する

(1)アングラへの熱い注視

結局、「アングラ」という言葉を最後まで背負ってきたのは、唐十郎一人だったのではないか。今年(二〇一七年)三月に『唐十郎　特別講義』(国書刊行会、以下「講義録」)を刊行し、その本をめぐっていろいろな人たちと話を交わしてみて、わたしは改めてその思いを強くした。

いま「アングラ」に、若い世代から熱い視線が集まっている。六〇年代に演劇活動を開始した鈴木忠志は演劇運動の方向性を探り続ける場、富山県利賀村(現・南砺市)には遠方からの多くの客が集まり、寺山修司の実験的な作品は今なお上演頻度が高く、人気は衰えない。佐藤信は黒テントでの活動は減ったが、最近では『亡国のダンサー』を新作上演したばかりで、なにより各地の公共劇場の運営に彼の力は不可欠だ。だがそれでも、唐十郎ほど一貫して変わらぬ姿勢を保ち続けた者はいない。

アングラ演劇の特徴は「自前」の集団を作り、公演の一切合切を自分たちでやり遂げることにある。舞台美術もすべて自分たちで創り上げ、照明や音響も出番のない役者が交替で担当する。ひとたび劇団員になったなら、役者だけでなくスタッフも兼ね、制作にも関わらなくてはならない。つまり、分業制でなくトータルな演劇人が求められているのだ。

六〇年代に彼らが演劇を開始した時、すべてを自前でまかなうのが当たり前という意識が植えつけられた。そうした制約はさまざまなアイデアと発見を生んだ。例えば、紅テントは唐十郎の代名詞となったが、当時は劇場が少なかったこともあり、空き地があればどこでも上演できる遊撃性を手に入れることができた。また無名の集団ゆえに入団したばかりの新人にも役割が与えられ、一丸となった集団性は結束力を高めた。唐という座付作者は、まだ何者でもない若者の中に才能を見出しては、「当て書き」という方法で「名優」に仕立て上げた。そうした集団から何人もの傑物を生み出したのは、唐の卓抜な眼力があったからだ。つまり集団の中に原石を発見し、それを彫琢して宝物に生まれ変わらせる。その唐と状況劇場＝唐組の最大の母体が、すなわち紅テントという胎内だったのである。

(2) 誤読の効用

「講義録」で、唐十郎は自らの思考を思いのまま開陳している。彼が「希代の劇作家」と言われる所以は、「語り」の面白さにある。彼は当意即妙に言葉から詩を喚起し、臨場感あふれる即興性で言語の空間を生み出した。学生時代に読んだ本や彼が幼少時に出会った数奇な人物は、すぐさま彼の劇中人物に引き上げられた。日常世界で見た奇妙で変な大人が舞台の上でそのまま息づいていたのである。唐にとっては虚構と現実の区別はない。幼少年期の体験はいつでも引用可能な記憶装置となって、劇作に生かされた。

少年期を過ごした浅草体験はとりわけ彼の文化的宝庫になった。彼はメジャーな体験よりも、通常では見落としがちな小石にこそ躓く少年だった。かつて浅草には古川ロッパや榎本健一（エノケン）ら大スターのコメディアンたちが跋扈していたが、大して売れもしないミトキンやシミキン（清水金一）といった売れない芸人に目を奪われた。その無名でマイナーな存在を魅力的な快男児に仕立て上げるのが唐の真骨頂なのだ。

その語り口は素晴らしく、聞く者を虜にする。久保田万太郎や内田百閒、永井荷風といった作家たちが昭和の舞台で活躍していたら、かくやと思わせるのがまさに、下町に育った唐特有の語り口であり、文体なのだ。

「講義録」の中で、圧巻だったのは第二回だ。聞き手であるわたしは対談中に、唐の圧倒的モノローグに魅了され、幾度も言葉を失なった。とくに「水」をめぐって語られる唐の言葉に、彼の創作の現場を垣間見た思いがした。実作者はしばしば思考のプロセスを語る。それを聞いた者たちは、作者の思考を「たどる」ことが可能となる。「天才の頭の中ではこのように思考が展開しているのか！」と感銘を受けたことを記憶している。それは会場を埋めた多くの聴衆にも共有された体験だろう。『源氏物語』から三島由紀夫の『葵上』へ連想の環がつながれ、それが自作の『ふたりの女』に流れ込み、そこから泉鏡花の一連の作品、とりわけ『沼夫人』が呼び出される。そこで扱われる水は「重水」、つまり体液のようなドロッとした水にたどり着くのだ。誰も思いつかない連想が唐自身の言葉でつながれる時、イマジネーションの環は自在に世界を織り上げていく。この瞬間こそ、「劇」の発生する現場なのだ。

　唐自身の読書体験はしばしば原作を超えてしまう。例えば、ドストエフスキーの『罪と罰』を語りながら、いつしか原作の世界から離れ、唐自身の世界が語られたりもする。原作に触発されたことは確かだが、読書体験はそれを後追いするのではなく、原作に書かれていない紙背を読み込み、そこに自身の色を補筆してしまう。そこではドストエフスキーと唐自身が融合、一体化し、共同で創作している。唐は原作を引用する場合でも、唐自身の記憶を頼りに引用がなされるから、原典からの逸脱は果てしもない。もはやそれは、創作に近い。唐の「誤読」とは、原作にない部分をいかに読み違えるか、その行間に彼独自の「読み」が生まれるのだ。

　そもそも作品に「正解」などありうるだろうか。作者ですら自分の書いたものを正確に読み解くことなどできない。テクストには、読んだ人の数だけ「解」があり、決して一つに収斂できるわけではない。この当たり前の事実を唐は当然の如くやってのける。ただし彼は「誤読」はするが、原典へのリスペクトを忘れてはいない。

「読むことの自由」は誰にでも平等に開かれている。だが「読み」が原作者を超えることはめったにない。唐の異能ぶりはたしかにそれを可能にしたが、かといってその能力を「天才」に帰属させてしまえば、多くの者たちに可能性を閉ざしてしまう。本当は誰にも「天才」である可能性は等しく分配されているはずだ。が、それを実現できる確率はきわめて低いのだ。

(3) 創作の秘訣

この「講義録」には創作の秘訣が随所に盛り込まれている。ことに、戯曲の書き方の特異性は絶品だ。

唐はいわゆる「箱書き」といった常套手段をとらない。ある一点から思考が始まり、それを追い掛けていくことで次々と登場人物が現われ、それをまた唐の視線が追跡していく。発端はほんの小さな染みのようなものに過ぎない。ただその染みを凝視する時、染みはやがて人を造形し、唐はそこに息を吹き込む。あえかな息をする人物が、俳優の肉体を得て舞台に出現し、勝手に動き出す。人物は作者の手を離れ、自己を主張しはじめる。『少女仮面』に登場する腹話術師が肉体を人形に乗っ取られてしまうのは、現実と虚構の逆転というより、唐にとってはそれが現実なのだ。「妄想」が唐の創作の原点にあり、「遊び心」は演劇という虚構の場で自由な空間を創り上げる。

演劇はつねに上演をめざす。唐戯曲に生命を吹き込むのは、唐の言葉を受肉し、具体的な行動に移行させる役者体《たい》だ。しかし、唐作品を活かせる役者は限定される。誰もが演じられるわけではなく、ある一定の条件が具わっていることが前提となる。

それは「欲望」である。現状で満足できない欲望を抱え、その「未成」が唐の言葉を得て、社会の中に一歩踏み込んでいく。唐の言葉には、人の背中を押す動力源が秘められている。まだ何者でもない若者が唐演劇という実践を経て、外界へと羽ばたいていくのだ。だが繰返しになるが、エネルギーを持った言葉を受肉するには、その受け皿たる「肉体」の所有者でなくてはならない。それこそが「特権的肉体」である。唐の言葉を一度体内に吹き込まれたならば、どこまでも危険な領域に駆け出していくだろう。そうした冒険を厭わない肉体こそが唐演劇に必要不可欠なのだ。

『ビンローの封印』を観ていて、なぜ作者はこんな特異なキャラクターを造形できるのか、と思った。露丸《つゆまる》のはちゃめちゃさ、それでいて八百万《やおまん》のボス＝坊と奇妙な親和性を持ち、その腹心のドスは海賊さながらの風情にふさわしく、片脳油《へんのうゆ》といった人物は、もう生き方自体が尋常でない。ミステリアスで男か女か不明のヤン・カウロン（赤松由美）は理不尽な運命の糸に操られながら、縦横無尽に動き回る。激しい怒りを体内に溜めこむ福本雄樹演ずる製造は白シャツに吹きかけられた赤い血のような痕跡の謎をめぐって奔走する。現実にありえない欲望を追いかける役者たちは、俳優として飛躍的に成長する。紅テントという胎内は、まさに怪優、異優の魔窟であり、和辻哲郎役の辻孝彦ですらすでに狂った哲学者（役）なのだ。

一九九二年に書かれたこの劇は、バブル崩壊後の日本の行く末を予見している。尖閣諸島や海域に出没する海賊の存在も、今なら納得の行く設定だ。唐十郎は驚くべき直観力で作品を産んだのだ。

未整理で辻褄の合わない箇所も散見されるものの、唐はパワーあふれる筆力で劇をグイグイと推進させていく。これほど破天荒で胆力を持った劇作家は、唐十郎をおいて存在しない。その船に乗り込んだクルーたちが、すなわち唐組の役者たちなのだ。二五年経って、陣容は替われども、そこに集うエネルギーとパワーは同質のものが宿っている。


二〇一二年五月、唐十郎は自宅前で転倒し、一時は集中治療室に入るなど生命の危機にも瀕したが、現在はリハビリ中で健康は回復した。だが以前のように、創作・執筆活動は、そう簡単には再開できそうにない。唐は一貫して新作主義だっただけに、新作を発表できないことは劇団にとっても痛手だろう。アングラの精神はどうなっていくのか。

そんな折、風錬ダンスの『まつろわぬ民』（林周一作・演出）を観た。ゴミ屋敷の撤去をめぐる行政側と家主の闘争は、いつしか東北を舞台とした中央政府と東北人の闘いに変奏されていった。この劇作の展開も見事だったが、舞台を観ていてなにより圧巻だったのは、舞台を覆う巨大な装置、これが全部手作りだったことだ。どんな小さな道具であろうとも、すべて劇団員が手作りでこしらえていく。そこには一つの緩みもなかった。この集団の中に、アングラの精神が確実に息づいていた。わたしは唐十郎らが切り開いた六〇年代以降の演劇の原点的な思考が健在だったことを改めて知った。

（『テアトロ』二〇一七年八月号）

2 小劇場〝運動〟とは何だったのか

はじめに

今年（二〇一七年）の上半期を顧みると、小さな空間で上演された小劇場の芝居に秀作が多かった。その反対に、大劇場ではクオリティの高い舞台にめったにお目にかかれなかった。鳴り物入りで話題性十分な舞台に、すかすかで空疎な作品が目立ったという印象が強い。

蜷川幸雄没後、大劇場を十分活用できる舞台が観られなくなったことに改めて気づかされた。例えばシェイクスピア上演では、ジョン・ケアード演出の『ハムレット』など、空疎さの最たるもので、上演の意図自体もよく見えなかった。夏以降もシルヴィウ・プルカレーテの『リチャード三世』、イヴォ・ヴァン・ホーヴェの『オセロー』など、日本人以外の演出家による上演は複数予定されているが、日本人演出家による本格的な上演にめぼしいものがない。ある演出家は、「シェイクスピア上演には主役級の俳優を五、六人揃えなければならない。カリスマ性のある蜷川さんならそれが可能だったが、自分では難しい」と語ったことがある。蜷川以後のシェイクスピア上演はかなり深刻な問題になっている。

これをもう少し敷衍すれば、かつての大劇場で蜷川がレパートリーを上演した劇場でも、かなり小ぶりな舞台がかかっていることになる。本来、中劇場以下で企画されたものが、水増しして大劇場に進出しているのが実情ではないか。改めて、蜷川の不在を痛感せざるをえない。

(1) 小さい空間でギリシア悲劇を観る

とはいえ、小劇場での公演に見るべきものが多かったことは確かだ。

二月に観た演劇集団砂地の『アトレウス』(脚本・演出＝船岩祐太)は適切にテキストレジされた台本と、手際よい場面転換で実に良く練られた舞台だった。アイスキュロスとエウリピデスに加えて、サルトルの『蠅』の一部が引用され、上演テクストは作者による古典との格闘が認められ、視点が明確で高いオリジナル性を獲得していた。原典の核を保ちつつ、そこから自由になろうとしていた態度に、わたしは好感を覚えた。

『アトレウス』は、蜷川演出の『グリークス』とは異なった小劇場版ギリシア悲劇だ。『グリークス』は英国人の作家による脚色物で、ダイジェスト版としては良くできているが、それ以上でも以下でもない。船岩の試みはその線上にありながら、より作家性が強調されていた。

『オレステイア』として知られるアトレウス王家の悲劇はアイスキュロスの三部作だが、『アトレウス』はエウリピデスの二作品を加えた五作品より成っている。アガメムノン、クリュタイムネストラ、エレクトラ、オレステスといった主人公は、各幕で主役を交替する。前後を貫くのが犠牲になったと思われるイピゲネイア。彼女の死が引金になって、家族内「復讐の連鎖」が始まる。だが、肝腎の彼女が生きていたというオチは、多くの犠牲者、殺人、裏切り等をいっさい無効化してしまう。その皮肉な視点がこの劇の岩盤を崩し、悲劇自体を無意味なものにし、かつ滑稽な茶番劇にも仕立て直してしまうのだ。船岩はイピゲネイアを劇の芯に据えることで、安易なヒューマニズムによる救抜ではなく、夢落ちによるパロディ化に成功している。それは絶望の底で観客に世界と直面させるブレヒト的な視点だ。「茶番」とは、ブレヒトが世界を記述＝再現する時のヒューモアであり、船岩の劇から透けて見えるのは、それと同様に決して柔でない現実へのまなざしだ。

舞台は吉祥寺シアターの舞台空間を存分に使い、時には二階三階の客席まで駆使して展開される。装置は四台の広めの台。これが合わさると会議の席にもなれば葬儀の祭壇にもなる。こうした空間で現代版ギリシア悲劇がスピーディーに展開されたのだ。

骨太な古典を下敷きにした劇を、劇作・演出の船岩祐太は二時間強にまとめあげた。俳優たちは個性豊かで、演出の寸分も緩めぬ手綱捌きに乗って劇が運ばれていく。

そのさい目の前にいる俳優が信じられるかどうか。その実在性が確かめられる時、観客は「リアル」な現場を獲得する。それが演劇の生命線だ。ストーリーを味読する以前に、俳優の現前があるというのはここに根拠を持つ。そしてそれを裏付けるのが、「身体」なのである。『アトレウス』がもたらす感銘とは、演出と俳優の緊密な関係を手応えあるものとして感得できたということだ。俳優の身体と観客を直接出会わせるのは、空間、とりわけ小劇場(空間)である。どんな時代でも、新しい演劇の台頭は小劇場空間と、それを埋めていく身体によって切り開かれる。砂地の舞台を観ていて想起したのは、こうした演劇の歴史であり伝統である。加えて、身体の感覚を共有する集団性、つまり小劇団である。

(2) 集団性の構築

シライケイタが若松プロダクションによる映画を舞台化した『実録・連合赤軍　あさま山荘への道程《みち》』が感銘深かったのも、目の前にいる俳優の肉体がウソのない実在性を獲得していたからだ。暴力シーンでは距離をとっていたものの、俳優たちの肉弾相打つ言葉の応酬は、久方ぶりに見る「対話」の妙だった。それは議論に事欠かなかった七〇年代の「政治の季節」を彷彿させた。まさにこの事件が発生した時代の、集団の濃い関係が起ち上がってきたのだ。

だが驚いたことに、これは長い時間をかけて培われた結び付きではなく、オーディションで集められた俳優たちが、ほんの数ヵ月の稽古場でつくり出した集団性なのである。即席の集団の中にこれだけの濃密な関係性を生み出したことは驚嘆に値する。それを可能にしたのは、彼らが出会った素材＝事件が、自らに「自分とは何者か」を強烈に問いかけたからであろう。つまり「連合赤軍」という集団の末路は演劇集団のそれと重なり合うのである。彼らは一九七二年に起こった凄惨な事件を「我が事」として受け止め、文字通り格闘した。台詞を喋る手前で、なぜその言葉を喋るのか、その根拠を俳優が自らの内に問うた。そのプロセスが、言葉の劇を身体の劇に押し上げたのだ。

演劇の集団とは俳優の地肌と地肌が接する闘争の場であり、個人と集団の葛藤は生きる場をつくり上げる切実な訓練の機会となる。つまり、彼らはシライを媒介にしながら、演劇そのものを生きていたのだ。数ヵ月という束の間の場は、短いがゆえにかえって強靭な紐帯をつくり出した。

わたしは目の前に展開される舞台を観ながら、演劇そのものを生きる若者たちの真摯な姿に感銘を受けた。そこには技術の巧拙を超えた、生身だからこそ醸し出す緊密な集団性が現前していた。


イキウメの『天の敵』（作・演出＝前川知大）は長年積み上げてきた集団の蓄積が演劇論にまで昇華され、その現場性を垣間見た思いがした。ここでは俳優について語ろう。

これまでのイキウメの舞台は、安井順平や大窪人衛など、いささか〝特異な〟キャラクターが劇を推進してきた。その背後を支える俳優たちは決して悪かったわけではない。盛隆二や森下創らは舞台をしっかり担っていた。だが実際に目につくのは、安井や大窪という異物性だった。今回わたしは、実直な演技をする浜田信也に目が止まった。彼は特段目立つ俳優ではない。だが彼の役柄は一二二歳という長寿の飲血主義者であり、生きるために他人の血を必要とする〝異常者〟である。見た目の普通さと、役柄の異常さが均衡を欠き、その引き裂かれ方に、わたしは目を瞠ったのである。普通を演じれば演じるほど、彼の異常さが際立っていく。

これは記号学で言うところの「図と地」の反転である。安井や大窪のような〝飛び道具〟は〈図〉に相当する。一方、浜田はこれまで〈地〉をなしていた。その〈地〉が劇自体の異常さの中で層を隆起させたのだ。集団を継続して観てきたがゆえに生まれる「俳優の発見」である。

小劇場の芝居を観ていると、ごく稀にこうした発見に遭遇する。燐光群のある舞台で、猪熊恒和の演技を観た時もそうだった。坂手洋二と長年活動を共にしてきた猪熊は、(『だるまさんがころんだ』で)「私に土曜日の午後を返してください」と教員の悲痛な思いを語る。本来ならばごく普通の台詞にすぎないのだが、わたしには滋味深く聞こえた。その時わたしは、彼が俳優として実力を蓄えていたことを知り、目が開かれる思いがした。

集団の中で俳優はいつの間にか驚くほどの技量を蓄え、それが彼自身の人生と重なり合って、さりげなく披露される。小劇場を観つづけることの醍醐味である。

桟敷童子の『蝉の詩《うた》』(作＝サジキドウジ、演出＝東憲司)もまた集団性を基盤にした創作活動を展開している。最近では充実した女優陣が揃い、多彩な役柄が縦横無尽に活躍できる素地ができあがった。

今回の舞台でとくに目に付いたのは、長女・壱穂役を演じた板垣桃子だった。男性顔負けの気丈さと、妹たちの生活を背負った壱穂は、まるで一家の家長のような強さを持って振舞った。これまでの板垣とは違って、今回の役柄は破格的なものだ。末娘・織江の大手忍と並べると、その対照が際立つ。これは持続する集団だからこそ生まれるアンサンブルの妙であり、女優を一段飛躍させたのだ。この劇団が今、充実している証だろう。

塵芥の名で舞台美術をつくり上げる彼（女）らの集団性はいつもながら「見事」の一語に尽きる。すみだパークスタジオ倉（現・すみだパークシアター倉）という常打ち小屋を持つがゆえの強みを活かし、手間暇かけた作業は装置がまるで生き物のように物語に絡みつき、劇が進展していった。劇場と一体化した舞台は、創作のダイナミズムを満喫させてくれた。

今回、取り上げた舞台や俳優は、いずれも持続する集団が生み出した成果である。集団は長い時間をかけてじっくり熟成されていく。その持続性がある時、思わぬ成果に結びつく。その一方で、一気に加熱して開花する場合もありうる。ある作品を核に集合したメンバーが一定期間、濃密な関係を構築する。その緊密度が舞台に反映される。

集団の現場は公演の終了とともに断ち切られるが、俳優一人一人の体内には、その熱は蓄積されていくはずだ。個々ばらばらになっても、また集結することはあるだろう。小劇場演劇の〝運動〟とはこうしてつながってきた。新しい演劇はきまって小劇場から生まれてきたというのは岸田國士から鈴木忠志まで、変わることのない一貫した思想だ。優れた演劇の成果とはそこにしかない、とわたしは考えている。（続）

（『テアトロ』二〇一七年九月号）

3　小劇場〝運動〟とは何だったのか（続）

(1) 小劇場のイメージ

最近の芥川賞作家が演劇の内幕を描いた小説を読んだ。又吉直樹の『劇場』（二〇一七年）と山下澄人の『しんせかい』（二〇一六年）である。

前者は下北沢で活動する小劇場（団）を主宰する者の哀しくもいじましい生態を活写したもので、ライバル劇団と鎬を削り、嫉妬と虚栄心に揺れ動く若者たちの心情が事細かに描かれていた。二〇代の無名で若い演劇人がこれからも演劇を続けていくか否かを自らに問いかけ続ける。今も昔も変わらぬ若者たちの煩悶だ。

後者は自らが体験した北海道での劇団生活を内省的に描いたもので、倉本聰の富良野塾の創生期がモデルになっている。たまたま新聞広告で劇団員募集を知った主人公はさほど考えもせず地方を拠点とする劇団に飛び込む。まさに衝動的な自己投企だ。ただ劇団と言っても、馬を飼ったり、近隣住民の農作業を手伝ったりしながら、生活の中心に演劇があるという形態だ。そういう生き方に、一種のユートピアや幻想ともつかぬロマンに魅せられたのかもしれない。今の都市生活から脱出したいという願望の表われでもあろう。

ただ事情は違えども、どちらにも共通しているのは、描かれている劇団の内部があまり魅力的ではないことだ。たぶんある時期以降の小劇場のイメージはこんな風に映っているのだろう。

かつて小劇場（団）は若者の群像を描き出すものとして格好の素材であり、苦くも強烈な体験を、関わった者すべてにもたらしたものだ。仮に演劇から離れたにしても、そこに自分たちの原点があると考える者は少なくなかった。金にもならず、将来の展望も見えにくい若者たちの集団は、成功して生き残るほんの一握りを除いて、ほとんど演劇史に記されることはない。にもかかわらず、小劇場には若き日の青春の輝きがあった。人生の苛烈な現場、それが小劇場体験だったに違いない。

なのに、この二つの小説から透けて見えてくる小劇場の光景は、あまりに貧しく、人間関係のストレスが溜まる場になってしまっている。それでは会社組織の反映の一つでしかないだろう。表現を媒介にしなければ生まれない結束力や団結心など露ほども感じられないのだ。

小集団が変質したのは確かだろう。それはなぜなのか。

（2）一九六〇年代の小劇場

一九六〇年代に開始された小劇場運動は、無名の小集団によって担われてきた。正式な演劇教育を受けていない者たちが集団をつくり、その中に座付き作者や演出家がいたのは、彼らが既成の枠組みに捉われない独自の劇世界を生み出したいと思ったからだ。俳優の肉体に向けて言葉が書かれ、それが血肉化されてオリジナリティの高い舞台を生む。演技の方法を追求するには、稽古のプロセスを共有する集団を基盤にしなければならない。創作の一切が小集団にあったのだ。その前提には、持続する集団作業が「運動」という意識を伴っていたことがあった。それが革命的な舞台を生んだ理由だ。

彼らにとって演劇が目的なのではなかった。その手前にあって、集団で思考することが第一にあった。なぜなら、演劇である以前に、集団を構成する者たちの「生き方」が重要なのであり、個々の生き方の集積が、「演劇」という表現の形態をとると考えたからだ。

こうした逆転の発想の根底には、従来の演劇はすでに「演劇」ではなく、奪われた表現の残骸に他ならないという認識があった。これから演劇を始めていくには、一からつくり直さねばならない。多くのものを棄て、出直さなければならない、六〇年代の演劇革命の旗手たちはそう考えたのである。

そのために、まず集団をつくり、表現の岩盤を築くことから開始した。蜷川幸雄がつねづね言っていたことは、「演劇はまず集団をつくることから開始される」ということだった。そこには今ある演劇を自明のものとせず、絶えずつくり変えていかねばならないという「運動」の意識が根幹にあったのだ。

だとすると、その後に続く小劇場の時代はずいぶん変質したと言える。一番変わったのは、「生きる場としての（小）劇団」という考え方であろう。新しい表現は新しい集団から生まれる。それは生き方の表現革命だ。こうした集団論が受け継がれなかったのだ。

ではなぜ六〇年代の小劇場運動ではそれが可能だったのか。

（3）混乱期の革命

ＳＥＮＤＡＩ座の『白墨の輪——音楽劇』（原作＝Ｂ・ブレヒト、演出＝宮島春彦）を観ていて、思わず得心したのは、混乱期の時代にはとんでもないことが起こり、時としてそれは、人びとを自由闊達にするということだ。王が不在の国では、アツダクという常識を逸した酔っ払いが裁判官という要職に就き、賄賂も権力への忖度も通用しないアナーキーな裁定を下した。それは時に「大岡裁き」にも映し出される。これが下手な教訓話にならないところがブレヒトならではの両義性だ。混乱期が収まり、平静が訪れると、再び〝正論〟がはびこり、「強い者が勝つ」がぶり返す。

翻っていえば、混乱期こそが、権力を持たぬ者の最大のチャンスなのだ。秩序が揺らぎ、価値体系が崩れ、束の間の自由が生まれる。つまり、それが「革命期」に相当するのだ。

アングラ・小劇場が一九六〇年代末に、常識を覆す表現革命を起こしえたのは、この時期がまさに「混乱期」だったからに他ならない。そこでは、さまざまな既成の権威が地滑りし、制度が疑われた。その空隙に、唐十郎と状況劇場の紅テントが出現し、時代の裂け目を象徴しえたのである。寺山修司と天井桟敷の実験劇が固定し硬直したドラマトゥルギーに風穴を開けたのも同じ理由による。白石加代子の狂気ともいえる演技が観客の度肝を抜いたのも、混乱期であるがゆえの産物だった。ただしそうした現象は一時的なものでしかない。革命はやがて鎮圧され、永久に革命が続くことはありえない。（だからこそ永続革命が唱えられもした）一度破れ目はつくれても、それはたちまち修復されてしまう。その強固な保守性に抗うには方法を持たねばならない。

革命的混乱後の展望をいち早く築いたのが鈴木忠志だった。唐や寺山のやり方では、一種の「仇花」にすぎず、ある時期持て囃されても、やがて消えていくだろうと考えた鈴木は、東京だけを演劇市場とせず、早稲田大学周辺にあった小劇場を富山県利賀村に移した。当初、利賀村への移転は冒険主義的な試みにすぎなかったが、予想以上の反響と成果を手にしたため、八〇年代以降の好景気に乗って、鈴木は次々と劇場を建て、利賀村を恒常的に使える「演劇ムラ」につくり変えた。財団法人を起ち上げ、制度を整備し、「公共劇場」として確立させた。アングラの革命を「制度」の中で保証しようとする。それが鈴木の「運動」だった。

（4）アングラ第二期、もしくは小劇場第三の契機

では本当に「アングラ」や「小劇場」は一時の風俗現象で消えていったのだろうか。そうではあるまい。そのためにはアングラや小劇場を四〇年のスパンでの「運動」と捉え直してみることが重要だ。わたしは新宿梁山泊の公演チラシに次のように書いた。

「（前略）その後、種々の劇作家の作品を手がけ、作風も変化していったが、やがて金（守珍）氏の師匠でもある唐十郎作品がレパートリーの核になり、彼らの作品は唐の言葉と作品の検証に向っていった。『吸血姫』『唐版・風の又三郎』といった初期の状況劇場の作品は、唐世界の丁寧な掘り起しでもあった。李礼仙の伝説的な舞台『二都物語』を水嶋カンナが引き継ぎ、アングラ演劇の伝説を進んで引き受けようとしてきたのも新宿梁山泊の新しく進むべき道だった。

ここにたどり着くまでに、金守珍には一つの確信があったに違いない。一九六〇年代に東京で起こったアングラ演劇という稀有な「演劇革命」は、ようやく第一期を終え、第二期に入ったばかりだ、という認識である。それは一〇年刻みで歴史を輪切りにするジャーナリスティックな視点ではなく、四〇年・五〇年単位でゆるやかに転回していく歴史観に基づいている。

金氏はアングラ演劇の方法と思想は今なお有効だと認ずる。だからこそ、唐十郎によって牽引

されてきたアングラ演劇を継承し、発展させていくために、短時日で消費し、安易に終わらせてはならないという覚悟があるのだ。演劇を長い目を見ていこうとする金守珍のこの構えに、わたしは共感を覚える。」

（『腰巻おぼろ　妖鯨篇』チラシより）

ここで「アングラ演劇（＝小劇場）」とは、実験的な演劇の謂いであり、社会変革の意志を内包している「運動」だった。その意志が「新劇」の草分けである自由劇場や築地小劇場とアングラ・小劇場をつないだ。小劇場は「運動」として継続し、「アングラ演劇」とも称された日本の現代演劇が引き継がれた。

それからさらに四〇～五〇年経って、アングラ・小劇場は第二期に入ったと考えられる。これを近代／現代演劇史の中に置き換えれば、第三の契機が二〇一〇年前後に迎えることになる。例えば二〇一一年の3・11はその契機たりうるだろう。震災・原発事故を境に、演劇人の意識は確実に変わった。以後、小劇場は再び社会性を回復しつつあるように見える。

ここで近代／現代演劇史の中で「小劇場」が果たした役割を確認しておこう。それは同時に、新劇の歴史性を問うことでもある。

まず第一期の新劇創生期の小劇場は一九二〇年代に始まったが、日本の近代化を背負ってきた。日清、日露戦争を経て、二つの大戦間を挟み、新劇＝小劇場は明らかに近代史の進歩史観を体現していた。第二期のアングラ＝小劇場は、近代化への懐疑が始まり、現代へ架橋する過渡期に出現した運動だった。冷戦下で直接的な戦闘は避けられたものの、世界はつねに緊張状態にあった。その危機をはらみつつも何も起こらない空白状況に、アングラ・小劇場は出現した。

ならば、いま台頭しつつある第三期の小劇場は何を背負おうとしているのか。啓蒙的な新劇からその批判を込めたアングラの解体劇を経た第二のアングラ、もしくは第三の小劇場運動。それは何に対して挑み、どこをめざして進もうとしているのか。小劇場運動の帰趨として、その歴史的使命が問われている。

（『テアトロ』二〇一七年一〇月号）

4　ネオ新劇と保守政治

（1）若手の「新劇」帰りというジレンマ

『テアトロ』（二〇一七年一一月号）で二人の劇作家の特集が組まれている。中津留章仁と古川健である。その記事の中で気にかかったのは、二人を括っている「ネオ新劇」という言葉だ（江原吉博）。前々号（九月号）では、「新劇の底力」といった批評を内田洋一と河野孝が書いている。

彼らが言う「新劇」とは何を指すのだろうか。実体としての新劇団、すなわち文学座や民藝、俳優座、さらに青年座や青年劇場などを指しているのか。

わたしは別のところで、蜷川幸雄と鈴木忠志について論じるさい、「新劇」を使っている。例えば、蜷川はわたしとの対談で、「結局、おれは新劇かなあ」と自分について言及した。また鈴木の近年の仕事はかつての新劇のレパートリーに似てきたことから、新劇が描いてきた知識人の苦悩と同様の課題を引き継いでいるのではないか、と指摘した。

わたしが述べたかったのは、この二人が「脱新劇」を前提にしていたことだ。すなわち、歴史的な役割としての「新劇」は、築地小劇場や、それ以前の自由劇場に遡り、戦中戦後を経て、保守政治を批判する革新勢力の一翼を担う表現の問題としての〈新劇〉である。蜷川も鈴木も若い頃、新劇の夢に浸り、その薫陶を享けながら、次第に批判する側に転じていった。

かつての革新勢力は五五年体制のもとで、保守政治の補完物の役割を担うようになった。そのさい「新劇」は社会・共産の両党と同調し、保守的な演劇の変質していった。蜷川や鈴木は、こうした「制度としての新劇」を否定し、それに対抗する批判軸として「アングラ・小劇場運動」を推進したのである。わたしが蜷川、鈴木が「新劇」に似てきたといったのは、「制度としての新劇」になる以前の、いうなれば、近代日本が演劇を通して切り開こうとしてきた、「進歩的日本」の体現者としての「新劇」に他ならなかった。だからそれは、「脱新劇」を経た「超新劇」という意味合いで使ったのである。

だがここ最近使われている「新劇」は、そうした歴史的概念としての〈新劇〉ではない。実体の新劇団やそこで創られた舞台をもっぱら指しているように思われる。そこでは、台詞偏重で適度に社会的主題が込められ、物語が重視され、現行の保守的な政治に対して良心的に対峙している、そんなニュアンスだろう。したがって、いささか演劇の形式としてはコンサヴァティヴだが、難解で前衛っぽくなく、ほど良い刺激になる、そうした位置付けになっているのだろう。

(2) 新劇と小劇場の境界がなくなった?

五五年体制以前の〈新劇〉とそれ以降の「新劇」は違う。そこで一九六〇年代に「制度としての新劇」がなぜ批判されたかを思い起こしておこう。

ここで唐突だが、自民党政府が日本の国家の中で果たしている役割について考えてみる。自民党が選挙で勝ってきたのは、自民党の政策が支持されてきたからではなく、野党が自滅したためだ。投票したい対抗勢力がないからだと考える人が多い。結果として自民党への消極的支持をせざるをえない。これは日本人が変化を嫌い、保守的性向を持つ民族であることを意味するわけではない。その証拠に、一九六〇年安保を挟む政局では、革新勢力は保守派とほぼ互角に渡り合い、政権交代も間近というところまで迫っていたからだ。

この六〇年安保以後、革新勢力は一本化し切れないまま拡散し、以後、保守勢力に牛耳られてきた。自衛隊違憲や、改憲などもってのほかという認識は、六〇年安保闘争の頃では「自明」のことだった。なのに、現在では異論を差し挟むことすらはばかられる。歴史は完全に逆転してしまった。

さて、わたしがここで自民党の生き(延び)方に言及したのは他でもない、「新劇」がまさに自民党的存在だと考えるからだ。「アングラ・小劇場」が台頭してきた六〇年代後半から八〇年代まで、「新劇」が生き延びるとは誰も考えていなかったろう。若い才能のある人材は小劇場に流れ、「新劇養成所」に進む者はよほどコンサヴァか、「新劇」を芸能プロダクションと見なすかのいずれかだった。「新劇」はそれほど低迷していた。それが復活するのは、いわゆる「二国問題」すなわち現在の「新国立劇場」の建設計画が浮上してきた一九九〇年代前半からである。一九九七年に開場する新国立劇場は、基本的に新劇の演出家が芸術監督に就任し、持ち回り的になっていった。一九九二年頃から、この劇場建設を巡って、新劇派と小劇場派が対立しながらも次第に境が見えなくなっていった。つまり新劇派は小劇場派を吸収しつつ、国家の演劇を模索しはじめたのである。その核になったのが「新劇」である。

国家が演劇に関わってきた事例は過去において二度ある。明治政府の時代の「演劇改良運動」と戦中の「移動演劇運動」だ。国策として、政府が演劇政策に乗り出してくると、とんでもない事態が降りかかってくる。だから第二国立劇場建設が唱えられてきたとき、警戒心を持つ演劇人は国家の庇護の下で演劇活動をやれるわけがないと判断したのは至極まっとうだった。「アングラ」とはそもそも自主的に活動する精神が根幹にあり、民間からの支援は拒まないものの、国家から援助などまっぴらごめんというのが、この当時の共通認識だった。その考えは、今でも有効だと思うが、「金は出すけど口は出さない」なら構わないという現実主義から、そもそも助成金は自分たちが払った税金が還元されるのだから、もらって当然という原則主義の考え方まで、正当化の筋道はいちおう整ってきた。しかし果たしてそうか、という疑問もないわけではない。体の良い間接的な「検閲」ではないか、という議論もなされているからである（註：日韓演劇交流センターが主催するシンポジウムで、「検閲と自主規制」が論じられた）。

（3）「新劇」を「ネオ小劇場」に変えるために

冒頭の問いに戻ろう。なぜ「新劇帰り」していると考える評者がいるのだろうか。それは「新劇」以外に良質な演劇創造の受け皿がないと考えているからだと思われる。かつての小劇場の勢いはなくなった。冒険的で、実験精神に溢れた小劇団は一部を除いて少なくなった。これは事実だろう。それにともなって、実験的な前衛集団が知的な観客に支持され、一定の評価を受けるようなこともなくなった。その最後の前衛の才能が、維新派の松本雄吉だ。蜷川幸雄のある種の舞台も「実験性」「前衛性」に溢れていた。もっとも、彼が批判した「新劇」および「新劇史」についての言及する批評家はほとんどいない。結局、人気タレントを輩出し、公共の芸術劇場で観客動員に才腕を揮った演出家という評価だった。

前衛的でありながら、なお演劇界での評価を獲得できていたのは、太田省吾までだったのではないか。あるいは、東京の演劇界に影響を及ぼしていた頃の鈴木忠志が最後だったのかもしれない。だからわたしは蜷川の死にさいして、鈴木が東京で頑張っていたら、日本の演劇状況はもっと違っていたのではないかと指摘したのである（「週刊読書人」での金守珍との対談）。

前衛を評価する機軸が失なわれたとき、残ったのが「新劇」への受け皿待望論だった。松本、蜷川の死が改めて惜しまれる。

例えば、中津留、古川の戯曲が「新劇」に提供されていることを好意的に考える評者がいる。だが果たしてそうだろうか。中津留の舞台はTRASHMASTERSで上演されているものより、刺激的で面白いだろうか。彼自身が演出を手がける新劇の舞台では、彼の突っ込んだ切れ味鋭い剛腕ぶりが出てこない。同様に、古川が書いた作品は、チョコレートケーキよりも面白いのか。例えば、青年座で上演された『旗を高く掲げよ』は、最近の彼の作品の中でもっとも低調だった。同じ東ドイツを舞台にした『幻の国』を上演した昴は演出を同じ劇団の日澤雄介が手がけたこともあって、小空間を逆手にとって濃密な舞台に仕立て上げた。一方、青年座の黒岩亮演出は、青年座のアトリエで上演されたにもかかわらず、凡庸に思われた。その理由は、舞台を分かりやすくしすぎたことにある。舞台は筋の「説明」か、主題の「解説」にとどまり、ナチの持っている怖さ、いつ自分たちに向くかもしれない「当事者性」へのまなざしに欠けていた。観客の啓蒙（!）という古い神話性の呪縛から「新劇」はいまだ抜け出ていないのである。

中津留の青年劇場での書き下ろし作品『雲ヲ掴ム』もまた、新劇団向けに書かれたもので、自分の劇団にはとうてい書かないような分かりやすい図式と物語に偏重していた。「新劇」向けに「わかりやすさ」を心がけ、戯曲にブレーキをかけている節があり、わたしには物足りなさをおぼえた。題材を提供し、背景となる資料などで共同作業を進めているはずなのに、肝腎の創造の領域で真の共同者たりえていない。『梅子とよっちゃん』で土方与志と妻・梅子という格好の題材を与えた青年劇場と瀬戸山美咲の場合も同様のことを感じた。せっかくの築地小劇場の資料を活かしきれず、舞台は結局、歴史の絵解きにしかならなかった。

こうした事例を挙げれば、枚挙にいとまがない。小劇場出身の劇作家たちは戯曲を読み物として書く技術に恵まれている。けれども、それがために「新劇」に消費されているという感は拭えないのである。本当はそのことに真っ先に気づかなければならないのは「制作者」だろう。

その点、いくつかのプロデュース集団には、演劇への意識において、「新劇」との線引きがある。例えば、トム・プロジェクトやシス・カンパニー、オフィス・コットーネなどはいずれも小劇場出身のプロデュース集団であり、彼らの舞台は一見商業的な座組みに見えて、そこには明確な批評性と通俗に堕さない矜持がある。また演目に対する戦略がある。今売れてて、使いやすい、といった目線で依頼しているわけではない。

そこからわたしが考えるのは、「ネオ新劇」にではなく、「ネオ小劇場」に活路を見出すべきではないか。「新劇」の側が「小劇場」に寄り沿っていくのである。築地小劇場以来、日本の新しい演劇運動を担ってきたのは、つねに「小劇場」の精神であり、それが一九六〇年代の「アングラ・小劇場」の運動につながった。

自民党の生き残り方と「新劇」は似たような構造にある。そこから脱け出して、〈新劇〉もしくは「ネオ小劇場」たりうるのか。「新劇」を擁護する評者たちも含めて歴史的な知見を示し、帰趨を問う時期が来た。

（『テアトロ』二〇一七年一二月号）

5　アングラの〈気〉

（1）『ブランキ殺し上海の春』初演の頃

わたしの中で演劇史の「謎」がいくつかある。なぜこんなことが可能だったのだろう、今だったらまず不可能だったのに、といった類の謎である。

その一つに、一九七九年に上演された黒テントによる『ブランキ殺し上海の春（上海版）』（以下「上海版」）が挙げられる。東京・大泉学園にあった東映撮影所の構内で黒テントが上演した舞台は、折からのメイストームが吹き荒れ、テントの布を激しく打ちつける強い雨音で台詞が聞こえなくなるほどの悪天候の中、芝居は進行した。しかも公演が終了した頃には一一時をゆうに回っていた。観客へのホスピタリティが重視される昨今ではありえないことである。

わたしが若かったせいもあるだろうが、七〇年代まではこうした演劇が観客に熱く支持され、観客もクレームをつけることなく、体験が「共有」されていた。娯楽や消費を超えた演劇の「文化」が確固として成立していたのだ、と改めて思う。

この『ブランキ殺し上海の春』が三八年ぶりに再演された。公演主体は「日本の演劇人を育てるプロジェクト」、実際の母体は流山児★事務所である。同事務所はこれまで、同じ作者の「喜劇昭和の世界・三部作」を上演してきて、今回が最終篇となる。この三部作は佐藤信と黒テントが一九七五〜七九年に上演した連作であり、六〇年代に始まったアングラ・小劇場運動のピークをなすものだとわたしは考えてきた。とくに「上海版」は七〇年代を締め括るにふさわしい大作だった。その後、上演が跡絶えていた『ブランキ殺し……』が再演されるという企画に胸が躍った。

『ブランキ殺し上海の春』には二つのバージョンがある。一九七六年に初演された舞台と七九年の再演だが、両者はまったく別物である。晶文社版の戯曲集（一九七九年九月刊行）では、前者が「ブランキ版」、後者が「上海版」となっている。「ブランキ版」は三部作の完結版として七六年一一月に世田谷区梅ヶ丘の羽根木公園で初演された。上演時間はわずか一時間。たしかに第一夜の『阿部定の犬』、第二夜の『キネマと怪人』が三時間を超える豪華巨篇だっただけに、第三夜はあまりにも呆気なかった。「生ま木がゴロンと投げ出されたような」という評言もあったように、未完成品の感は拭えなかった。翌七七年、黒テントは大学祭や各地で『阿部定の犬』を再演・巡回していたが、その後、実質的には活動を停止し、沈黙の期間に入った。そして「活動宣言」を引っ提げて上演活動を再開したのが、一九七九年の『ブランキ殺し上海の春（上海版）』なのである。この時のポスターには、「演劇よ、死ぬな!!」と大書され、消費されていく小劇場運動の危機感が謳われていた。「今あるところに演劇はない。」で始まるマニフェストは、「われわれは闘う民衆の場に向かう」という戦闘宣言でもあった。「運動としての演劇」を標榜した黒テントの頂点がここにあった。そして今はなき黒いテント劇場はその活動の象徴だった。

（2）再演の意味

舞台は残らないが、戯曲は残る。これは演劇の宿命である。ビデオで残すことは当時はあまり一般的ではなかったし、そもそも記録と生の舞台は違う。西沢栄治が演出した舞台は、あくまで二〇一七年版である。テクストは「上海版」を半分ほどに切り縮められて再構成され、上演された劇場も「ザ・スズナリ」、純然たる小劇場である。そうした条件の中で上演された作品は、たしかに『ブランキ殺し上海の春』なのだが、わたしの記憶するものと何か決定的に違っていた。

例えば、三部作には「ご町内三人組」がきまって登場し、これがコメディリリーフとして張り詰めた劇の緊張をやわらげる働きをした。芸達者たちが即興的に演じる場面では、満杯に膨れ上がった客席は笑いに包まれ、祝祭性と開放的な気分に満たされた。これはテント空間ならではの演出である。時間は引き伸ばされ、それを観客はゆったりと受け容れる。それがために、上演時間は四時間にも及んでしまうのである。だが観客は決してその長尺を無駄だと思わず、必要な長さと受け止めた。言い換えれば、演劇とは硬軟入り混じった総合的な体験であり、同じ船に乗り合わせた観客は、創り手とともに、何かを探っていく協同者だったのである。「運動」という言葉が息づいていたのは、こうした関係が舞台と観客で結ばれた時代ゆえだったからだろう。

『ブランキ殺し……』ではこうした喜劇的登場人物として、寒山、拾得という道化が登場する。わたしの記憶では、初演時にはテントの横や背後から登場し、テントに新鮮な風を吹きこんだ。だが西沢演出では、舞台奥から登場する。そのため観客はストーリーの一部として、飛躍に富んだ難解な物語の一つの構成要素と解した。その結果、彼らの登場がなにやら深淵なメタファーではないかと受け止め、途方に暮れてしまったのである。黒テントの空間で観たとき、わたしは難解さをまったく感じなかった。ストーリーは複雑に入り組み、扱われる題材も難しいが、それは観客が身体で体験し。内容をまるごと受け容れたからである。

両者の差異は大きい。とくに身体的な共有をベースにするテント体験でしか伝わらないことを、それを知らない世代に伝えることは、ほとんど叶わぬ夢なのである。

「アングラ」という言葉が伝わりにくい、と思うのはそれと似ている。アングラは認知されないもの、白昼に対する地下的想像力、洗練に対する野性や野蛮、等々、いくらその概念を説明してても、どうしても伝わりにくい〈気〉がある。それは時代を共有することによってしか手にできない世界観でもあるからだ。

しかし、西沢版『ブランキ殺し……』で伝わってくる劇の核心もあった。この芝居は「革命」についての劇であり、戯曲の主題はラストで明確に語られる。民衆を代弁する「綳帯」と知識人「春日」の交わす対話だ。

春日　いまこの瞬間、無数のぼくたちが、無数の場所で、無数の死体を見送りながら途方に暮れている。ぼくたちは間違っている。（中略）けれどもその中の一組だけ……たった一組だけのぼくたちは、正解を発見する。あり得ない話じゃない。

綳帯　……あんたと俺、いや、あんたたちと俺たちかも知れねえな……やっぱりどこか違うんだ。（略）いま、やっと解ったよ（略）あんたたちはそうやって…別のどこか、別のとき、ありもしない別の自分を信じることができるんだ。そうやって生きるんだ。けど俺たちはよう……いまここにいるんだ。ここにしかいねえんだ。（中略）

春日　（略）綳帯……だったらここは……ここは、上海ですか？

（『フランス人強し　上海の夜』より）

このラストの幕切れの台詞は今でも心に突き刺さっている。西沢演出でもこのシーンはていねいに再現され、佐藤信の珠玉の台詞は空間に美しく放たれた。舞台は再現できないが、戯曲の本質は蘇ったのである。

（3）紅テント、五〇年の軌跡

テント劇場といえば真っ先にあがってくるのが唐十郎の紅テントだ。一九六七年に初めて花園神社に建てられた紅テントは今年で五〇年を迎えた。まさに歴史である。このテントを使って、劇団唐組は今でも春秋の公演を行なっている。劇団員の有力メンバーが退団しても、不思議なことに、必ずといっていいほど若手が台頭してきて、いつのまにかその穴を埋めていく。

なぜか。それはテントという劇場を、唐組は決して手放さなかったからである。テント劇場は最初、都市の風景を異化する異物だった。けれども、そうしたテントが歴史を刻み、観客とともに成長していくにつれ、劇および役者たちを産む母胎となったのだ。

例えば、高校野球が廃れないのは甲子園球場があるからだ、と言った人がいる。年によって素材の浮き沈みはあっても、甲子園をめざす高校球児がいる限り、才能は途切れることはない。清原や松井、そして直今では清宮幸太郎という才能を輩出したのは、甲子園という「聖地」があったからだ。

紅テントも同様である。紅テントはもはや都市を切り裂く「異物」ではないかもしれないが、演劇の原風景として今も確固として佇立している。そしてこの空間だからこそ生まれる特異なキャラクターが出現しつづける。それは原風景でありつつも、つねに新しいものを生み続ける母胎なのである。

「アングラ」というイメージを決定づけたのは唐十郎であることは論を俟たない。しかし以前の唐演劇のイメージが更新されていることも確かだ。例えば、かつて状況劇場を語る常套句として、〝役者が何を言っているかわからないが、パワーが凄くて訳のわからない面白さがある〟という評言があった。けれども現在の唐組の役者たちにはその印象は必ずしも当てはまらない。台詞は明瞭で聞き取れるし、なにより得体のしれぬパワーで押しまくるというスタイルとは明らかに異なるのだ。にもかかわらず紅テントで育まれた若い役者たちは、アングラの精神を継承している。役者が前面に出て身体《からだ》を張り、言葉と言葉が即興的なリズムと迫力をもって衝突し、絡み合いながら進展していくドラマは、今でも変わらない。劇団員たちが自らテントを立て、舞台セットはすべて手づくりだ。スタッフもすべて自前でこなすアングラの精神は絶えることはない。

ただかつての状況劇場時代と異なるのは、舞台に登場するだけで観客の心を鷲掴みにする異貌の役者がいなくなったことと、旅公演が減っていることだ。六〇～七〇年代の彼らは、若さも手伝ってか、実に精力的に全国を巡回した。その土地土地で、観客は東京からやってきた〝本物〟のアングラに触れ、熱狂した。映像や雑誌、新聞の記事で知っていても観たことのなかった本物との出会いは強烈なインパクトを残した。その熱に触れて、演劇を始める者も後を絶たなかった。これこそが演劇の「運動」ではないか。唐らは口にこそ出さなかったが、演劇を根底から変えていく志は手放さなかった。ただしそれを重苦しい使命感として引き受けるのではなく、あくまで

「好きでやっている」という快楽原則を貫いた。文化論や芸術運動にせず、あくまで地べたをはいつくばった「河原者」の視線から世界を見返したのだ。これがテントの思想であり、アングラの〈気〉に他ならない。

テントを捨てた黒テントと、あくまで紅テントを保持する唐組の違いはそこにある。

(『テアトロ』二〇一八年一月号)

6　ノンセンスと不条理の〈間〉

（1）笑いの変質

笑いの質が変わってきたのは、いつの頃だろうか。

ＮＹＬＯＮ１００℃の『ちょっと、まってください』のパンフレットで、ケラリーノ・サンドロヴィッチはノンセンス・コメディと不条理劇について言及し、自分の笑いはこれまでノンセンスと言われてきたが、むしろ不条理に近いのではないかといった発言をしている。この作品は、別役実のいくつかの作品や詩が引用され、舞台上に一本の電柱があることから、さながら別役へのオマージュともいうべき舞台になっている。

乞食の一家と金持ちの一家が入れ替わる。まるでパズルのような物語で、しっかりした構造は良くできた喜劇を思わせる。物語の骨格が頑丈な分、笑いの質はシチュエーション・コメディに近い。だが展開の仕方はまったく違う。言葉と発想の飛躍が凄まじく、掛け合わない漫才のように、ジグザグに進展していく。それはツボを押さえたコメディではなく、関節の外れた笑いである。筋の破綻した流れは、観客の理解のスピードを超えている。そのためか、瞬間的、痙攣的な笑いが間歇的に客席を襲う。

ケラはそれを「ノンセンス・コメディ」から「不条理の笑い」と言っているが、本当はどうなのか。

一九八〇年代末に宮沢章夫が登場したあたりから、笑いの質が変わってきたと言われる。彼はラジカル・ガジベリビンバ・システムに拠りながら、従来の演劇にはないことをめざした。その当時の小劇場は笑いを追求していたから、それとは違う笑いを探っていたということだ。八〇年代の笑いは、東京乾電池や東京ヴォードヴィルショーに代表されるように、個性たっぷりなコメディアンによるものだった。六〇年代のアングラ以降、役者たちの独特の風味をもった演技が笑いの潮流を形成してきた。それはヴォードヴィルやスラップスティック、ドタバタ喜劇とも言えるもので、肉体を駆使した笑いであることが特徴的だ。

その対極にあるのは、例えば井上ひさしに代表される言葉遊びによる笑いである。地口や語呂合わせ、駄洒落や言葉の連想によるイメージの飛躍による笑いだ。

言葉から肉体を重視する笑いへの移行は、唐十郎や佐藤信らが切り開き、後続の東京乾電池らに引き継がれた。ヒューマニスティックなウエットな笑いからドライな笑いへの移行と言い換えることもできる。だが両者を含めて、これらは作為に満ちた笑いだった。シリアスな劇の途中の息抜き、あるいは悲劇的クライマックスを迎える前の転調。

けれども、ある時期から何もしないこと、少なくとも作為を排除した笑いが登場した。むしろ空隙や断絶のなかに笑いを探るのである。この笑いを不条理による笑いと捉えることができる。

一九九〇年頃、別役実は、「不条理は笑いによって確かめられる」と言ったことがある。この言葉を聞いた後続世代たちは、難解で深淵な不条理劇の呪縛から解放され、気軽に扱えるようになった。だがそれは適切だったのか。別役はずいぶん安っぽく不条理劇を手放した、と当時のわたしには思われた。

(2) ベケットと不条理劇

サミュエル・ベケットはパリの路上で暴漢に刺された折、なぜ自分を刺したのか、その理由を問うたとき、その男は「自分はわからない (Je ne sais pas)」と答えたという。

アルベール・カミュの小説『異邦人』の書き出しはこうだ。「今日ママンが死んだ。いや、昨日だったかもしれない。わたしにはわからない」。ここでも〈Je ne sais pas〉が出てくる。主人公ムルソーは母の葬儀の後、喜劇映画を観て、娼婦との情事に耽る。その後、アラブ人の青年をピストルで射殺し、裁判になる。その時、動機を問われてムルソーは、「太陽が眩しかったから」とおよそ理由にならない返答をする。ムルソーの説明は、辻褄が合わない行為の理由として理解不能なのである。これが不条理小説の代名詞になった理由でもある。

自分自身でも説明のつかない事柄や行為。不条理を成り立たせているのはそうした論理ならぬ非-論理だろう。決して理不尽な、とか、常軌を逸したというレベルではない。グロテスクや不気味さ、不条理にはそんなドロッとした質感が漂っている。カフカの小説『変身』はその代表格だろう。ある朝、目が覚めたら毒虫に変身していた。この不条理に説明がつくだろうか。

たしかに現実のなかには、説明不能のことはいくらでもある。それがいつからか、笑いの現象として受け止められるようになったのは、なぜだろう。

(3) 不条理とリアリズム

不条理劇の対極にあるものとは何か。それは「リアリズム演劇」である。もう少し厳密にいえば、一九世紀終盤にはじまり、二〇世紀前半を席巻した近代市民悲劇だ。それに比して「不条理演劇」は二〇世紀半ば、すなわち戦後社会に生まれた。戦争の荒廃を背景に、国家は破壊され、もはや世界はかつてのように復元可能な事態ではなくなった。とりわけ、ナチスによるユダヤ人大量虐殺というアウシュヴィッツ体験は決定的だった。ある民族が他の民族を惨殺する。しかも隣りで生活している隣人を。こうした経験をどのように受け止めていったらいいのか。人間は仕方なく笑う。その苦い笑いによって世界を受け容れる。他人を笑うのではない。自分自身を笑うのである。

不条理の笑いは、自己自身へ向けられた笑いだ。笑いによって自由になれるわけではない。だが笑う以外にできることはない。そうした生きる人間のどうしようもない無力な極限状況を「不条理」と言ったのではないか。したがって、これは歴史的な背景をもって生み出された産物なのである。「わたしはわからない」とは、一寸先が見えない、薄明の中を歩く二〇世紀後半の人類を指し示している。それは芸術において切実な主題となった。

生きる根拠の乏しい状況に置かれた人間はどう振舞うだろうか。すべての行動に意味も確信も持てず、実体のない影のように動くのではないか。語る言葉を失うか、無感情のまま言いよどみ、やがて吃音、沈黙に至りつくだろう。同じ状況を表現するのに、「リアリズム演劇」の登場人物ならば自信たっぷりに確信をもった発語を可能とする。怒りに裏打ちされた言葉は身体をしゃきっとさせ、背筋を凛と伸ばし、明晰に語ることができる。リアリズム劇では登場人物は世界を明視している。だから俳優は発語に力をこめることができる。

トム・ストッパードの『ローゼンクランツとギルデンスターンは死んだ』（一九六六年）が上演された（演出＝小川絵梨子）。『ハムレット』に登場するほとんど存在感のない二人を主人公に据え、『ハムレット』劇を裏側から映し出す劇だ。この劇は明らかに『ゴドーを待ちながら』を踏まえており、ロズとギルはウラジミールとエストラゴンに対応しよう。しかもその遊び方は『ゴドー』以上に徹底している。

興味深いのは、主役二人が語る言葉、彼らについて語られる言葉は希薄なのに、彼らの身体は彼ら自身を雄弁に主張していることだ。身体をもって舞台にいつづける限り、彼らはなんらかのメッセージを発している。演技する必要はないのだ。

彼らがしばしば直面するのは、〝いったい自分たちは何のためにここにいるのか、その全容がさっぱりわからない〟ということだ。ここでも、キーになる考え方は「わからない」である。彼ら二人はやたらに饒舌であり、空語をまき散らすが、それは確信のなさの裏返しである。端役の最たるものであるローゼンクランツとギルデンスターンが主役になることで、ベケットを挟んで、シェイクスピアとストッパードが一つの線でつながった。

(4) 不条理劇への経緯

別役実は、『ゴドーを待ちながら』の口絵写真を見た時、この舞台の質感がわかったと発言している。舞台前面に座った俳優が、靴をいじってああだこうだ、と言っているシーンだ。こんな姿勢で力強い台詞など喋れるわけがない。会話は発展せず、劇を前へ運べない。そんな対話らしからぬ対話劇の質感を別役は見てとったのだ。

けれども、そこにこそこの劇の身体性がある。言葉でなにかを語らなくとも、身体がなにかを語っている。ベケットはこの劇を道化劇のスタイルで上演したいと考えた。道化、もしくは　コメディアンはノンセンスな言葉を喋っていても、彼ら自身の置かれている状況や困難さを雄弁に伝えることができる。とすれば、ベケット劇は、意味ある言葉を語らないという劇形式によって、観客に超‐意味を伝えていったのだ。

そこで重要になってくるのが、戯曲の文体である。「日本のベケット」と言われた別役実は、醒めた文体に特徴があった。別役の生み出す言語空間は、慇懃無礼なほどていねいな語り口で、当たり障りのない儀礼的な会話が交わされる。固有名詞は極度に少なく、「あれ」や「それ」といった代名詞が頻出する。別役はこうした抽象化された物言いによって、意味や宙吊りにされた不安定な心理空間を生んでいった。登場人物はつねに不安感に襲われている。その「不安」は観客に伝染する。明確なことを語らない、あるいは肝腎なことの周辺状況しか語らないことで、別役は劇空間を構成していく。もやもやとした漠然たる不安。意味の中心をくり抜かれた言葉によって、観客は不安の所在を探る。だがそれは、確信をもって触れることはできない。手応えのない空虚を辛うじて手にするにすぎない。日常の言葉が醸し出す文体が劇空間を形づくるのである。

なにもしないことで生み出される笑い、空隙や空白によってもたらされる笑いとは、身体性を際立たせることで成立する演劇文体であり、それが不条理劇ではないだろうか。

ケラリーノ・サンドロヴィッチの考えている不条理の笑いとは、そのような歴史的経緯のなかから導き出されたものだと考えることができる。

（『テアトロ』二〇一八年二月号）

7　2・5次元ミュージカルはアングラに源があった

（1）演劇史のなかで

この連載も二年目に入った。批評家として遭遇する出来事になんらかの言葉を与え、時代の証言として残しておきたいという思いで今まで続けてきた。わたし自身にとっては思考の整理の貴重な機会になっているが、それが時代の一片をかする提言になればと願っている。

新しい舞台に出会い、これまでにない現象が出てくるとき、なぜ今それが出現したのかの必然性を問い、演劇史の系統樹のなかにどう位置づけることができるか。わたしの関心事の目安はもっぱらそこにある。今回はつい最近気になった現象について記してみることにする。

新しい大学に移り新しい学生と出会ってみると、若い世代の演劇に対する意識が大きく変わって来ていることに気づかされた。とくにミュージカルへの傾倒は想像以上に強く、それに引き替え、台詞中心のストレートプレイへの関心が低滞しているようだ。この一年というわけではないが、若い女性のミュージカル嗜好は顕著であり、宝塚や劇団四季の人気は絶大である。そこに急速に浮上してきたのが、いわゆる「2・5次元ミュージカル」というジャンルである。数年前にこの言葉を耳にしたとき、キワモノ的な感じがあり、いずれ廃れるだろうと見なす識者が大半だった。実際、そうしたレポートを書いてきた学生がいて、彼女自身も2・5次元の劇団に関わっていたこともあり、未来のなさに慨嘆していたことを記憶している。

だが予想は裏切られた。この数年の躍進ぶりは、もはや仇花現象と見なせないほど実勢力を誇っている。わたしも昨年初めて「2・5次元ミュージカル」をいくつか観た。好き嫌いは別として、客席の熱気とこの劇を取り巻く環境には目を瞠らざるをえなかった。

だが果たして、これは新規な現象なのだろうかと考えると、ちょっと待てよ、と言わざるをえないものを感じた。

(2) 小劇場に源があった

たしかに、2・5次元ミュージカルの専門劇場ができたり、城田優や斎藤工ら出身者からスターが生まれるなど、話題性には事欠かない。二〇一四年に「日本2・5次元ミュージカル協会」が発足してから、すでに興行収入は一三〇億円に達しているという(二〇二一年時では二三九億円)。これはもはや一大マーケットを形成しており、中国をはじめ、海外公演も行なうなど、世界市場を射程に収めた巨大コンテンツになりつつある。

もともと漫画やアニメという二次元表現を原作とし、それを立体化したのが2・5次元ミュージカルの出発だった。オーディションで選ばれた原作のイメージに近い無名の俳優たちの熱演と、徹底的に原作にこだわった舞台はたちまち若い女性を中心とした観客から熱狂的な支持を集めた。舞台と客席の境界は取り払われ、親密な関係で両者を結びつけた。遠くに存在する「スター」というより、身近な「アイドル」といった関係に近い。観客はサポーターとなって、俳優たちを支えていくようになるのに時間はかからなかった。それは九〇年代の「モーニング娘。」にはじまる等身大のアイドルの延長線上にあり、AKB48や欅坂46など、直接握手ができる距離にあることが観客のサポーター意識をいっそうかき立てた。未熟なプレーヤーを若い頃から観続け、「育てている」意識はサポーター特有のもので、Jリーグやアイドル・タレントのサポーターと同一の精神構造だ。

が、昨年わたしが観た何本かの2・5次元ミュージカルは、初めて観たにもかかわらず、なぜか既視感を感じるものだった。例えば、『美少女戦士セーラームーン』。そもそもこのシリーズの舞台は一九九三年に初演されている。協会が発足する二〇年以上も前だ。さらにこの舞台を演出している平光琢也は一九五五年生まれで、かつて七〇年代小劇場で活動している。その後、お笑いの方面に進み、二〇年以上も前にミュージカルを手がける演出家になった。わたしが既視感を抱いたのは、七〇年代小劇場のテイストをどこかに嗅ぎ取ったからに違いない。飛躍の多いドラマトゥルギー、無名の俳優たちの熱演、手を伸ばせば触れることのできる観客との親和性。2・5次元ミュージカルはまさに小劇場演劇の再来なのだ。音楽を多用し、言葉の論理よりも感性に訴えかける聴覚性を重視する特徴も、アングラ・小劇場と合致する。

(3) アングラを商業演劇に活かす

『テニスの王子様』を企画し、大成功に導いたプロデューサーで日本2・5次元ミュージカル協会の代表理事、松田誠はその出発点が中学生のときに観た、紅テントの唐十郎だったという。大学に進学した彼は、状況劇場に影響を受けた芝居に役者として立ち続けた。つまり八〇年代まで日本を席巻していたアングラ芝居に魅せられてきたのである。だがバブル全盛の八〇年代末から九〇年代にかけて、小劇場運動は陰りを見せ始める。

大学卒業後、制作に転進した彼は、大劇場で通用するエンターテインメントを志向した。商業主義と結びつく演劇コンテンツを求めていたのだろう。当時演劇界では、蜷川幸雄が若いタレントや旧ジャニーズ系のアイドルを使いながら、大劇場を満杯にする舞台を次々と成功させていた。ただし蜷川はシェイクスピアやギリシア悲劇など、演劇史の王道に則った舞台である。そして蜷川は彼らスターたちを舞台に通用する俳優に育てていった。

松田はそれに対して若い無名の俳優を駆使して実現する方法を開拓した。それが宝塚、東宝に対するオルタナティヴな小劇場路線としての2・5次元ミュージカルだったのである。ここで登用された演出家として、現行の小劇場出身者が多く見られることも見逃せない。元惑星ピスタチオの西田シャトナー、柿喰う客の中屋敷法仁、劇団唐組出身の赤澤ムックらである。彼らは唐十郎が開拓した作風を2・5次元ミュージカルに援用して舞台をつくっているように思われる。六〇年代に唐らによって発明された上演の形式が、巡り巡って現在の2・5次元の舞台に着床したと言えまいか。

（4）八〇年代小劇場と若者文化

ただしアングラと2・5次元をつなぐには、もう一つ必要な回路がある。それは一九八〇年代の小劇場や若者文化である。

八〇年代は、小劇場演劇が輝きを放ったと同様に、若者文化が唱導された時代だった。これを押し出したのがフジサンケイグループであり、その仕掛け人こそ秋元康だった。さらに九〇年代も後半になると、時代を象徴し、単独で人気を集める大スターの時代は終わり、複数の群像で売り出す時代に変わった。「モーニング娘。」をはじめ、個人ではなく「束」で売る商法へ移行したのだ。これはプロデューサー・つんく♂の戦術だったが、わたしはそれを「ヒーローからコロスへ」の変容と捉えた（『テアトロ』二〇〇二年七月号、『演劇は可能か』所収）。ここで女子大生ブームや若者文化とつながった。六〇〜七〇年代にも「若者の時代」があり、それは八〇年代も続いたが、内容は逆転した。九〇年代以降の「若者」は主体ではなく客体、つまり消費・購買層としての「若者文化」に変質したのである。

また八〇年代小劇場の中にも、女性の台頭は著しかった。その中には、少女が主役となって、男社会に叛乱を起す劇も登場した。その代表作は高取英作『聖ミカエラ学園漂流記』（一九八三年）である。いわば現代版「ジャンヌ・ダルク」だ。「暗黒の宝塚」と呼ばれた「月蝕歌劇団」の劇作・演出家、高取英は、若い無名の女優を集め、次々と小劇場版タカラヅカを演出した。これは、2・5次元ミュージカルの先駆けだと言ってもいい。高取は漫画雑誌の編集者でもあり、漫画に通暁した演出家でもあった（京都精華大にマンガ学部が創設されたとき、彼は教授として招聘された）。

漫画を三次元化する試みは、八〇年代小劇場に淵源を持っていたのである。わたしが「既視感を感じた」のは、こうした小劇場史が参照枠としてあったからであり、その根っこに唐十郎に象徴される六〇年代演劇を見ていたのである。

（5）演劇史の発展か、屈曲か？

アングラ・小劇場の流れと決定的に異なる点は、2・5次元演劇は商業主義に根差し、アッパーで健全な娯楽をめざしていることである。また興行収入以外にもグッズやＤＶＤの販売などメディアミックス商法に長けていることも大きな違いだ。

実際２・５次元ミュージカルを観ていて、毒のなさに物足りなさをおぼえたことは事実である。例えば『テニスの王子様　青学vs比嘉』を観ていると、汗をかかない清潔なイケメン男優たちが、満員の客席に惜しげもなくサービスする。それが顕著だったのは、カーテンコールが延々と続き、客席に降りた俳優たちが女性客にこれでもこれでもかと愛想をふりまくことである。まるで女子校の文化祭に来演したアイドル並みである。これが舞台と客席を強烈に結びつける。歌や踊りはそれに拍車をかける。アングラ・小劇場の熱演がミュージカルと結合したとき、こうした新種のエンターテインメントが生まれた。

テニスボールを光で表わすなど斬新な演出もなくはないが、わたしはこれらの舞台が新しい表現なのか、疑問をもつ。かつての方法や遺産を、時代のニーズに合わせて、再利用しているだけではないか。

アングラに触れた後続の世代による「商業演劇化」が２・５次元ミュージカルだとすれば、これを歴史の発展系と見るか、それとも演劇史の屈曲と見なすべきか。これは容易に結論づけることはできない。演劇は同時代の観客の支持に左右されるものであり、多数派の感受性を受け容れるのがヒットの秘訣だからだ。

この新規のジャンルは、表現としても、歴史のジャンルに関しても、まだ何も問われていない。

雑誌の特集や記事に関しても、演劇史の文脈に言及したものはほとんど見られない。だが実際のところ、かつて小劇場演劇で活動していた劇作家、演出家、俳優たちが、「2・5次元ミュージカル」に再就職の場を見つけ、かつてのスキルを再活用しているのが現状ではないか。

2・5次元ミュージカルを現代演劇史の中でどう位置づけるか。そうしたことを考察するには恰好のサンプルのように思われる。

（『テアトロ』二〇一八年四月号）

8　68年の思想と演劇革命

(1) 一九六八年の歴史的位置

今年（二〇一八年）はメモリアルな年である。明治維新から一五〇年、第一次世界大戦終結から一〇〇年に当たる。もう一つ忘れてならないのは、一九六八年の「演劇革命」からちょうど五〇年経過したことである。まさに「節目」と呼ぶにふさわしい一年と言えよう。

この三つの出来事には、近現代史を象徴する符牒があり、今につながる問題点が隠されているとわたしは考える。

まず明治維新は江戸時代の封建制から脱し、近代化を果たす大きな契機であり、日本が中央集権的な「近代国家」へと変貌する「革命」だった。鎖国していた日本はペリーの黒船来航という外圧によって否応なく開国を迫られ、「グルーバル化」の一歩を踏み出した。産業革命が進行する一八八〇年代から日清、日露の二つの戦争を経て産業化＝軍事化を完成した日本は、世界列強の一角に食い込み、次の段階のグローバル化に突入した。この時期の演劇は、歌舞伎が徐々に衰退し、近代演劇の萌芽が確かめられた。坪内逍遥、森鷗外らによる翻訳劇の導入は、伝統演劇から近代演劇への脱皮とも重なった。

一九一八年は、第一次世界大戦を経験した日本が帝国主義段階を通過し、欧米と肩を並べるアジアの盟主として、アジア「制覇」へ向かう野望を徐々に形成しはじめた年である。それは本格的な近代演劇＝「新劇」が誕生する築地小劇場の成立前夜である。一方その前年の一九一七年に勃発したロシア革命によって帝国主義に歯止めをかけるもう一つの勢力が台頭し、その革命思想は日本にも飛来した。その結果、築地小劇場と並ぶもう一つの軸が生まれた。プロレタリア演劇である。その流れの中で、やがて社会批判的なリアリズム演劇が大きな勢力となっていく。

築地小劇場以後、日本の進歩的な運動の渦中にあった「新劇」は、一九三〇年代に入ると軍国主義に対抗する運動を形成してきたが、一九四〇年代に翼賛体制下で多くの演劇人は戦争協力に巻き込まれていった。戦争反対の怒りの拳は、戦争協力の剣にとって代わられた。戦後になると、再び方向転換し、「民主主義革命」を唱えるなど、歴史的な総括をあいまいにしたまま「戦後新劇」が始まったのである。

こうした歴史の迷走に対する本格的な反省が始まったのが、一九六八年に象徴される演劇革命である。アングラ・小劇場運動が自分たちを産み出した新劇を強烈に批判したのは、そうした歴史的経緯があったからだ。こうして日本近代史の第三番目の契機を迎える。

それを象徴するのが、一九六〇年の反安保闘争である。保守勢力＝自民党政権と、それを批判する社会党・共産党など革新側の対立が根底にあったが、それにとどまらず、革新勢力を内部から批判する全学連や青年労働者などの第三勢力が誕生するなど、反体制側は分裂した。このように複雑化した闘争を通じて、六八年の思想が起ち上ったのである。

(2)『真田風雲録』の画期

この経緯を映し取った舞台が福田善之の『真田風雲録』である。六八年の思想を準備した作品として、『真田風雲録』は画期的な舞台だった。

一九六〇年に福田善之によってラジオドラマとして書かれた作品は、やがて戯曲化され、テレビで放映され、最終的には映画化された（監督は加藤泰）。一つの作品がジャンルを超えて製作されたことも当時としては画期的だったが、音楽劇の先駆的作品としても注目された。ミュージカルが本格的に誕生する以前に、林光らの音楽的要素を現代演劇に取り入れ、「和製ミュージカル」の走りともなった。

徳川対豊臣の天下分け目の東西決戦、関ヶ原の闘いとして描かれた『真田風雲録』は、当時の安保闘争を内部から描いた寓意劇でもあった。ここで重要なのは、豊臣勢の下部組織であり行動部隊でもあった真田十勇士の存在である。福田の視点はあくまで真田側にあった。すでに保守政治の補完物を担うようになった社会党・共産党に対して、社共を突き上げる存在が、学生や青年労働者たちだった。ブント（共産同）を中心とした全学連は戦闘的な武装集団であり、それが真田十勇士に重ねられた。

周知のように、日米安全保障条約は自民党が国会を強行採決で押し切り批准されたが、保守側も岸信介首相の退陣など出血も大きかった。岸首相は米国（ＧＨＱ）指導による日本国憲法を快く思わず、当初から改憲を熱望していた。本気で「戦前復活」を夢見ていたのだ。その妄想の遺伝子を引き継いだのが、岸の直系の孫である安倍晋三（後の首相）である。安保闘争はいまだ終わっていないし、清算もされていない。

だが反対勢力が「負けた」ことは疑いもない事実である。福田は当時の新左翼の立場から、歴史的一戦にどう対応したか、何が原因で敗北したかの総括を舞台を通じて行なった。名作になったこの作品について、今さら言葉を費やす必要もなかろうが、今日につながる視点として重要なのは、第三項の登場、とりわけ二項対立に収まらない複雑系の構造が生まれたことである。保守／革新という単純な図式で割り切れないポストモダン社会の端緒となったのである。また福田が提唱した「軽薄さ」はその後の演劇の「精神」となり「方法」となった。新劇の生真面目さに切断面を入れたという意味では、次の時代の演劇への予兆をはらんだ作品とも言える。

戦後政治のパラダイムはこうして第三項の出現によって、新たな局面を迎えた。それが新左翼の台頭であり、「脱新劇」という新たな問題圏とつながった。

福田の存在は、彼自身がどれだけ意識したかは別として、明らかに「新劇」からの逸脱であり、アングラへの過渡期であることを示唆している。ただし、この『真田風雲録』を演出したのは俳優座の千田是也であり、彼は新劇の代表でもあったから、いわば千田自身による内部批判がこの舞台を通してなされたことも歴史の皮肉である。

ではアングラの思想はここからどうつながったのか。そこで興味深いのは、その後に起こる学生運動との連関性である。

(3) 全共闘運動と小劇場の類似

山本義隆という名前を知っている人はある世代以上に限られるだろう。二〇一五年に彼が著した『私の1960年代』(金曜日刊)によれば、彼はかつて東大全共闘の委員長であり、その後、予備校教師を勤めながら、在野の物理学者として科学史論の大著を何冊も著している。科学の方面に明るい人は、彼がかつて大学闘争の旗手であったこととと直接結びつかないかもしれない。山本はある時期からいっさい時局的な発言を封じ、禁欲していたからである。

その彼が公の席で初めて語ったことが本書の核になっている。その語りを聞いていると、不思議なことに当時の学生運動が当面していたことと、アングラ・小劇場運動の内実がクロスしていることがわかる。

山本義隆は一九六〇年に東京大学の理科一類に入学し理学部を卒業、その後、大学院に進学した。ちょうどその頃に、東大医学部ではインターンの処遇をめぐって紛糾していた。ほぼ同時期に、日大でも理事会の不正資金流用が発覚し、一般学生による日大闘争が始まった。同様の問題は各大学に波及し、学園闘争は全国の二〇〇以上の大学に拡がった。

山本は一九六八年に当時のセクトを超える組織として、いわゆる東大全共闘（全学共闘会議）の議長になった。決して戦闘的な活動家ではなかったが、後に彼は全共闘運動の最前線に立ち、シンボル的存在となった。

東大闘争で重要なことを山本は二点挙げている。ひとつは「バリケード内に解放空間を形成し、一時的にではあれ、学生間の新しい共同性を創り出し、ささやかであれ自己権力への一歩を踏み出したこと」（前掲書、一二六頁）。（もう一点である「科学あるいは科学技術」に関しては、次節で述べる。）

この問題を敷衍すれば、集団性と空間奪取ということになる。「全共闘」は党派を超えて、自立した個人の集合体という考えに基づいている。これは新しい共同性を追求する一面でもあった。一人のカリスマ的指導者に依存するのではなく、「意思決定は、原則として闘う者の全員でおこなうこと」（同、一四九頁）という直接民主主義が行使されたのである。むろんこれは一種の理想論であり、〝伝説〟であって、実際はそんなキレイなものではなかったと山本自身も述懐している。

しかし個々の俳優たちが自分たちで上演台本を書き、演出し、自前の演技論を探っていったアングラ・小劇場運動の初期と、それはあまりにもよく似ていた。小劇場運動が集団を組むことから始まったのは、従来の組織や運動のあり方に違和感を抱いたからに他ならない。一人一人が全体であるという全共闘運動と小劇団の理念は驚くほど通じていた。

空間の問題は、バリケードに象徴されるように、祝祭的、解放的な空間の奪取である。仮に束の間であろうとも、大学という管理されたキャンパス内に突如出現する空間は自由の象徴であり、自己管理の空間だ。そのアナロジーがテント劇場であり、小劇場空間なのだ。アナーキーで、何にも拘束されない空間で自前の作品を上演すること、そこにアングラ・小劇場の表現の根拠があった。そしてその根底には、「革命」という思想があったことは間違いない。

六八年の思想に呼応する演劇がめざしたのは、「革命」をいかに演劇化するかにあった。「革命は祝祭を必要としない、なぜなら革命それ自体が祝祭だからだ」(アンリ・ルフェーブル)。そこでは俳優と観客の境界はなく、劇作家も演出家も、俳優もスタッフも身分のヒエラルキーは解体され、混然一体と化した。アングラ・小劇場の「精神」はバリケード内の革命と酷似していた。

演劇革命を実現するためには、既成の台本＝名作戯曲ではなく、集団内の劇作家が不可欠だった。それを上演するためには、独自の演技法が案出されなければならなかったし、衣裳も装置も照明も、自分たちでまかなう必要があった。観客は同志であり共同者であって、決して消費者ではなかった。空間も自力で確保し、どんなに貧しくとも自前の劇場である必要があった。言い換えれば、すべてを一新しなければ、何も新しく始めたことにならないという見極めの中から、彼らの演劇は開始されたのだ。それが「演劇革命」と呼ばれる表現の内実である。

(『テアトロ』二〇一八年七月号)

9　68年の思想と演劇革命（続）

（1）科学神話の崩壊

山本義隆は『私の1960年代』（金曜日、二〇一五年）の中で、東大闘争で重要なもう一つの論点は「科学」に関してであると語っている。

「（東大闘争は）科学あるいは科学技術にたいして、そしてその進歩にたいして、それが絶対的な善であるという、明治以来の日本の近代化を支え、大日本帝国の敗北によっても無傷で継承されたイデオロギーにたいする批判を大衆的なレベルで始めたことにあります。」（前掲書、一二六頁）

「二〇世紀は科学の世紀である」としばしば言われてきた。人類を進歩させるのが科学ならば、戦争を誘発し、人類の破滅に加担していくのも科学だ。科学の発達が人間社会を幸福にするといったオプテミスティックな言説はすでに疑問符を突きつけられた。この矛盾したありようが露見されたのも、六〇年代だった。

国家の政策のために帝国大学が創られ、なかでも東京帝大工学部は戦争のための科学技術＝軍事産業の発展に寄与するために創設されたと山本は明言している。莫大な支援金に支えられた研究は、今で言う産学協同（提携）の先駆けであり、軍学協同は帝大成り立ちから考えれば、自明のことだった。こうした軍事と科学が結びついた格好の例が、石井細菌部隊、いわゆる「七三一部隊」である。

野木萌葱作・演出の『731』（パラドックス定数）は、この古くて新しいテーマが依然として現在形であることを明らかにした。アジア・太平洋戦争中、石井七三一部隊は細菌を戦争に利用する目的で作られた研究者集団である。当時、東京帝大や京都帝大から優秀なエリートたちが集められ、中国人などの捕虜を人体実験の対象にして生物兵器を開発する研究に従事した。まさに官学協同の恐るべき例と言えよう。

この劇は生き残って帰国した部隊のメンバーたちの後日談である。彼らの多くは戦後、「戦争犯罪」を隠蔽したまま再び医学施設に再就職した。彼らは頻繁に集まり、情報交換に余念がなかった。そうした議論から浮かび上がってくるのは、彼らが研究のためなら民衆の人権などまったく意に解さない、エリートたちのつきることのない欲望だった。戦争への反省もなければ、意識も変わらない。彼らの中では、戦前－戦後は何ら切断されることなく、現在まで地続きなのである。それを野木は短い台詞の中に凝縮し、息詰まる攻防戦として展開していった。こうしたドラマは、今まさに起こっている森友学園や加計学園をめぐる問題をはじめとするモラルの劣化を想起させるのだ。

実はこの作品は、今から一五年前の二〇〇三年に初演されている。わたしは今回が初見だが、こんな濃密なドラマが二一世紀の初頭につくられていたことに驚愕した。

この劇が先見的なのは、同時期に起こった帝銀事件に筆が及ぶ箇所である。戦後最大の疑獄事件の一つである帝銀事件（一九四八年）は、かつての七三一部隊のメンバーが関与したという説がある。細菌兵器という「オモチャ」を製造した科学者たちはその威力を験《ため》したくて、平和な日常の中で使用したというのである。

同様に、原爆を開発した米国は、すでに勝敗が決していた日米戦で、「成果を験したくて」広島と長崎に原爆を投下した。最高の頭脳を持った科学者たちは、彼らが創った「オモチャ」に夢中になり、倫理も理性も忘れ去り、幼児のようにただただ「オモチャ」を使ってみたくて仕方がなかった。この狂気を描いたのが、畑澤聖悟の『イノセント・ピープル』（二〇一二年）だった。「イノセント」とはまさに科学好きの幼な心を言い当てたものだろう。そのイノセントはマッドサイエンティストと紙一重なのである。

アインシュタインは、戦後、科学者の自己責任について言及している。科学に従事する者は、自らの研究が自己の思惑を超えて、破滅の可能性をはらんでいることを自覚し、科学者の自己責任の重さを認識すべきであるとしている。

（２）戦前からの連続性

原爆製造は世界最先端の技術だったが、原子力の「戦争兵器」としての開発は、戦後になるとさすがに自粛された。では科学者たちはこの事態にどう対応したか。原爆の代替物として登場したのが「原発」である。戦前から戦後を生き延びた研究者たちは原爆から原子力開発へと方向転換したのだ。

戦後になって、石炭、石油以後の有力なエネルギー資源として原子力エネルギーが注目され、原爆製造は原発開発へと装いを変えた。戦争兵器だった原爆製造の技術はそのまま温存され、「平和利用」という名目のもと、今度は原子力開発へと転用された。

前掲の山本によれば、日本で水面下で原子力開発が始まったのは五〇年代であり、五五年には「原子力基本法」が制定され、翌五六年に日本原子力研究所（現・日本原子力研究開発機構）が発足した。そして五七年に原子力平和利用懇談会が開催され、初代の代表世話人に読売新聞の社主・正力松太郎が就いた。彼は「原子力の父」と呼ばれた。

全国各地で原子力発電所の建設が本格化したのは、概ね七〇年代である。七一年には福島第一原発が稼働した。しかし八六年に起こったチェルノブイリ原発事故により、世界は原発の危険性を認識した。けれども日本では、二〇一一年の３・11東日本大震災とそれに伴う原発事故によって、平和利用という名目が実はまやかしだったことに気づくのである。

震災直後に創作された福島在住の劇作家・大信ペリカンの『キル兄にゃとU子さん』(二〇一一年)は震災直後の当事者たちの困惑と行動をあますところなく伝えている。冒頭、二〇一〇年から遡って福島で起こった事象が次々と並べられる。例えば、「二〇一〇年。クマの目撃や被害相次ぐ」に始まって、「二〇〇二年。東京電力のトラブル隠しや点検記録改ざんが発覚。東京電力が保有する全ての原発止まる」。そして最後は「一九七〇年。双葉郡大熊町の東京電力原子力発電所が東北初の発電を開始」で締め括られる。淡々と綴られる歴史の断片には、福島の生活史の上に、原発開発の歴史が重ねられる。この時代のドキュメントから、七〇年代以降、いかにわれわれが原発に無関心、無自覚であったかを知らされるのだ。だが3・11以後、われわれはどこまで反省し、認識を深めたのだろうか。

二一世紀も一〇年以上経った二〇一三年に、「原発メーカーであり兵器産業でもある三菱重工業を筆頭した三菱グループから東京大学(五神真総長)に対して、二〇一三年度一年間で約三億六七〇〇万円もの寄付がされていることが、情報公開請求で開示された資料で明らかになった」(前掲書、二七〇頁)と山本は指摘している。

東大工学部出身者が生産し、安全基準調査を同じ学部の卒業生が認可し、原発は次々と再始動していく。チェック機能がまるで作動しないまま原発産業は命脈を絶たれずに持続している。石井細菌部隊を生み出した構造は、今度は原発として性懲りもなく反復されているのである。

（3）自己否定とアングラ革命

ではこうした反省なき「連続性」をどこで切断するのか。その契機こそ、六八年の思想だった。当時、よく使われた言葉に「自己否定」がある。エリート大学生は潜在的に支配者側に属している。大学を卒業し、企業に勤めれば確実に抑圧の側に回るからだ。そのエリート性（＝ブルジョワ性）に対する自らの批判が六〇年代の大学闘争に深く根差した思想だった。だが結局徹底できず、闘争は中途半端なまま終わった。それは社会の構造を覆すほどの革命が遂行されなければ達成できないからだ。学生運動や政治的大衆行動にはそこまでの射程がなかった。だがこの革命を唯一実行できたのが、アングラ演劇だった。

大島渚監督の『新宿泥棒日記』が発表されたのは一九六九年だが、このフィルムが捉えているのは一九六八年の新宿という都市空間だ。この時代状況を捉えた優れたドキュメントとして知られるが、この中で被写体として捉えられている唐十郎と紅テントはこの時代のシンボル的存在だった。

冒頭で唐十郎らは新宿の駅前広場で寸劇を披露する。泥棒の嫌疑をかけられた唐は褌一丁になって取り締まる者たちに身をさらす。まるで身ひとつで世界と渡り合う気構えを示しているようだった。それこそが「肉体」である。「舞踏とは命がけで突っ立った死体である。」有名な土方巽の名文句だが、その実践的な直接行動がここにあった。

この映画の中に状況劇場の公演風景が出てくる。主人公・鳥男〔横尾忠則〕は紅テントに赴き、芝居に出してくれないかと懇願する。唐らはそれを受け容れ、出演を許諾する。しかしその素人臭い演技はとても見られたものではない。だがその不思議な自在さは、かえって舞台の上で映える。素人が玄人の演技を喰ってしまうことはままあることだが、横尾の演技も、あるいはそれを受け容れた状況劇場の芝居も従来の規範を内側から解体していくものだった。即興で自由に振舞う彼らの演技は、テントという容器があってこそ可能なものだろう。

演劇における自己否定とは、近代演劇の各要素を解体し、独自の技法を案出することにあった。すべてを自前で創り直すことが新しく始めることだったのである。

このときの状況劇場の出し物は『由比正雪』だ。正雪は江戸に住む浪人で幕府転覆をはかる謀反人である。彼は丸橋忠弥や金井半兵衛らを引き連れ、江戸を徘徊し、そこで革命を試みる。奇妙な呪詛とも言うべき唐の戯れ歌は、この時代を呪い、背後から急襲する不気味さをたたえていた。それは「革命前夜」とも言うべき予感に満ちた呼び声だった。

〈アングラ〉という言葉はこうした存在について語られたものだろう。それは「意味」という枠組みに回収される以前の、形にならない手前の状態であり、直観とイマジネーションに支えられた時間・空間なのだ。だが現実はこのアナーキーで、何からも自由な表現を〈意味〉の側に回収し圧殺しようとする。それは危険そのものだからである。

唐は『特権的肉体論』で「(劇は) 外界へ、市場へと空間を切り裂き、君の魂を、政治における物理的力とすれすれのところまで煽動してゆくものだ」と記している。その手前にあって、何とも名づけえぬもの、それを〈アングラ〉と命名したのである。それこそが旧来的な価値体系を一瞬無化する「革命」に他ならなかった。

六八年の思想に呼応した演劇の誕生した瞬間である。

(『テアトロ』二〇一八年八月号)

10　新世代の台頭と格差社会下の演劇

（1）新世代の台頭

二〇一八年とはどんな一年だったのか。衆目の一致するところでは、一九七〇年代生まれの四〇代の劇作・演出家の台頭が際立っていたことである。古川健と日澤雄介のチョコレートケーキの作・演出コンビ、TRASHMASTERSの中津留章仁、温泉ドラゴンのシライケイタ、iakuの横山拓也、てがみ座の長田育恵、ミナモザの瀬戸山美咲、パラドックス定数の野木萌葱らであり、これだけまとまって一つの世代が登場することも久しぶりではないか。先行世代でいえば、坂手洋二らが登場した一九九〇年代前半以来であろう。さらに遡れば、いわゆる小劇場第三世代の登場に行き当たる。

ある世代がまとまって登場することには、なんらかの意味があるはずだ。例えば、「もはや戦後ではない」と言われた一九五六年前後に生まれた第三世代は、豊かな時代の始まりと歩調を合わせて活動を展開した。その小劇場ブームが一九九〇年代のバブル崩壊とともに終わる頃、坂手ら一九六〇年代前半生まれが台頭し、演劇の自己回復を図った。ならば一九七〇年代以降生まれの劇作・演出家たちは、どんな時代を背負って登場したのだろうか。

最大の特徴は、彼らが注目を集めるようになったのが二〇一一年三月一一日以後だということである。未曾有の災害に直面し、これ以降の舞台は否応なく「社会性」を持たざるをえなくなった。演劇はこれを機に本来の姿に立ち戻ることになった。それが、一〇《テン》年代以降の「危機の時代に対応する演劇」である。それ以前の〇〇《ゼロ》年代に人気があった舞台は、閉塞した世界の動向に見合うように、〈私〉性やその周辺をミニマルに描くことに特徴があった。その代表格はマームとジプシーの藤田貴大だろう。彼は個人の記憶を大切にし、自己と同質の者たちの共感を求めることに主眼を置いた。劇場は小さな共同体であり、そこに「共感の共同体」をつくることがめざされた。

それに対して二〇一〇年代の演劇は、地震や原発という「外の力＝他者」の出現により、否応なく〈私〉からの脱却を求められた。

（2）格差社会下の演劇

では彼らはどういう時代を生きてきたのだろうか。

一〇代半ばに突如バブルが終わり、以後日本経済は低迷する「失われた二〇年間」の渦中に巻き込まれる。二〇歳前後で阪神・淡路大震災、地下鉄サリン事件に、三〇代でリーマン・ショック、東日本大震災、福島原発事故に遭遇した。最初の一〇年で中間層が没落し、次の一〇年で非正規雇用が増え続ける、いわば「格差社会」をまともに生きてきた世代だった。

彼らがしばしば「社会派」と呼ばれるのは、生まれた頃から社会や現実を意識せざるをえない時代を生きてきたからである。彼らの演劇がリアリズムに拠っているのも、彼らが育った社会的・経済的環境と無縁ではなかろう。これといった成功体験を持たず、上から押さえつけられ、我慢を強いられてきた世代。その蓄積された体験や視点が3・11以後に注目されてきたのは当然である。

二〇一〇年代に四〇代になった劇作家たちは、格差社会が顕在化し、天災と人災が政治に激震をもたらした時代を生きてきた。それがこの世代に特有の意味である。こうした視点から生まれた舞台は以下の通りである。

薬害エイズから石井細菌部隊につなげていく古川健の想像力。同じ七三一部隊を扱った野木萌葱の『731』。加害者と被害者を双生児のように描き出した『残り火』の瀬戸山美咲。暴力団によって牛耳られた町を報道の力で自由を取り戻そうとする『The Dark City』のシライケイタ。派遣会社や潰れかけた会社の立て直しを画策する労働者の世界を描く中津留章仁。朝鮮人の女性たちを描く『海越えの花たち』の長田育恵。彼（女）らは、現実に根ざした生活の染みを描き、そこでもまれた登場人物を取り上げていく。彼らの舞台が一見すると、リアリズムに映し出されるのは、彼らの舞台にリアルさが溢れかえっているからだ。だが、舞台上の俳優たちは、決してテーマを説明的に演じるわけではない。テンション高く生きる俳優たちは、小劇場の小さな空間ならではの深い集中と、観客との狭い距離感から生まれた演技のたまものだろう。

（3）消費される劇作家たち

昨年（二〇一七年）の総括で、わたしは「再演」が多かったことについて言及した。翻って言えば、新作が生み出しにくくなったということだ。だがこの一年は次々と刺激的な新作舞台が目についた。ただ気になるのは、一部の劇作家や演出家に仕事が集中していることだ。

例えば、チョコレートケーキの古川健は新作戯曲をなんと六本も書いた。昨年も同数を執筆している。この量産をどう考えたらいいのか。温泉ドラゴンのシライケイタも、昨年は一〇本近い舞台に劇作、脚本、演出で関わっている。彼はもともと出発は俳優だが、劇作・演出家に転じてわずか七年ほどで超売れっ子になった。同じく、てがみ座の長田育恵も四本書き、瀬戸山美咲も精力的に新作を発表した。例外はパラドックス定数の野木萌葱で、シアター風姿花伝という小劇場をベースに年五本の旧作を再演した。これが野木の評価を高めた。野木が二〇代で書いた『731』に昨年初めて接したとき、わたしはあまりに精度の高い舞台に驚いた。野木の作品に今まで出会わなかった我が不明を恥じたほどだ。ただしこれは例外中の例外であり、劇作家の回顧上演を可能にした劇場のバックアップがあったお蔭である。その結果、演劇界は野木萌葱を発見したのだ。

特定の作家に仕事が集中している背景には二つの意味がある。一つは、まぎれもなく彼らは現代劇の旗手であることを示している。だから旬な彼らの台本への需要が高いのは当然である。もう一つは彼らにオファーする劇団は概ね新劇系の劇団であり、自前で劇作家を育てられない現状にあることを示している。劇作家たちも自分の劇団ではもらえない執筆料を「外注」で補えるという経済的事情もあろう。これを「持ちつ持たれつ」と考えるか、新劇団に劇作家たちが「消費」されていると考えるか。いずれにしても、多くの劇作家たちは経済的な余裕のないところで仕事をしているので、オファーがかかったら、断ることはかなり勇気がいる。小劇場の作家たちの「青田買い」はますます進むだろう。

もちろん自劇団以外に作品を提供することで視野が広がるというメリットもあるだろう。が、他劇団に書き下ろす作品に際立った舞台は少ない。腰を据えた上演活動をするには、早晩、この事態はなんとかしなくてはならない。

こうした創作状況のなかで、この一年優れた舞台が相次いだ。

（4）三つのテーマから

二〇一八年の舞台から読み取れる三つのテーマについて述べたい。

まず第一点は権力に対する個人の闘う意志である。国会では責任のある立場の者が平然と嘘をつき通し、それを告発するはずのメディアがむしろ加担してしまう。こうした設定で展開されたのが永井愛作・演出『ザ・空気 ver.2 誰も書いてはならぬ』（二兎社）である。ジャーナリズムの弱体化は目を覆いたくなる惨状だが、言論の自由を保障する場がますます脅かされているなか、もはや笑えないほど切実なこの現実を永井愛は観客の前に突き出した。それでも人間の覚悟次第でまだなんとかなるといった市井の人間の闘う意志をドラマに昇華させた。分断された人間は個々では無力であっても、それが結集されれば、決して無力ではない。

同様に、ジャーナリズムの報道を扱った舞台として、シライケイタの『The Dark City』（温泉ドラゴン）が挙げられる。戦後まもなくの埼玉県（当時は児玉郡本庄町）、そこで地元の暴力団に牛耳られていた町が、報道と文筆の力で、自由を取り戻す。言葉の劣化が深刻さを増し、報道の自由が脅やかされつつある現在、劇作家たちは自らのペンで問題を掘り起こそうとしている。

もう一点は、科学者や医学者などの倫理問題である。チョコレートケーキは『ドキュメンタリー』で薬害エイズの問題を取り上げ、『遺産』では戦前から現在を貫く戦争犯罪の歴史を問うた。戦前の石井七三一細菌部隊の生き残りが一九九〇年に国家的悪を歴史としてどう残していくかに煩悶する。死を目前にした老医師の苦悩とそれを受け止める若い医師の葛藤は、日本の暗黒の歴史を照射する。しかしこの劇は決して隠された歴史を伝えるだけの芝居ではない。きわめて人間臭いドラマに仕立てられているのだ。もしかつての研究施設が与えられたなら、果たして自分は断れるだろうか。きっと断れないだろう、と自問する。エリート研究者は人間の命と引き換えでも、自分の研究を諦めきれない人種なのだ。だがそれをエリートのエゴイズムで片付けられるだろうか。これは誰しもに問われる解決のできない難問ではないか。他方、国会という場では、日本のエリートたちが倫理なき答弁を繰り返した。彼ら日本の中枢は、国益を名目に、個人の問題を棚上げする。それが見え透いた言い訳であろうとも、これを断罪できる法的手段はない。個人の人権を優先するか、国益を優先すべきか。その選択の線上に、沖縄の基地問題がある。今なお米国の支配下から抜け出せない政府の信条は、どこかに犠牲者を生み出さざるえない。坂手洋二の一連の沖縄ものは、それを問うている。個々の抱えた矛盾から国家レベルの矛盾まで。演劇が扱いうる領域はかくも広いのだ。

最後の一点は、加害者と被害者の問題である。瀬戸山美咲作『残り火』(青年座公演)は、両者が相似形であることを主題化した作品だ。あおり運転による交通事故を扱ったものだが、この事件の描き方がユニークだった。被害者家族と加害者家族、二つの家庭の人物構成を相似形として設定したのである。そこから加害家族もある面で被害者であり、被害家族もまた同様である。

こうした描き方によって、事象を具体的に描いている以上の「構造」が透けて見えてくる。これを敷衍すれば、原爆を投下された「被害国ニッポン」とアジア侵略した「加害国日本」のいまだ解決をみない歴史が見えてくるだろう。

以上三点は、われわれの現在を鮮やかに映しとったテーマだった。

（『テアトロ』二〇一九年三月号）

11 「前衛」の系譜

(1) 舞踏ができる前

二〇一九年六月八日、両国のシアターX《カイ》でたった一日だけ開催された『ALL ABOUT ZERO』は歴史的なイベントだった。企画したのは「NPO法人ダンスアーカイヴ構想」で、舞踏が始まる直前にいったい何があったのか。それを探るのが今回の研究企画だった。

一九五九年、土方巽によって創始された「暗黒舞踏」は『禁色』公演が事実上の出発点となった。舞踊から始まった舞踏は、突然生まれたわけではない。当然、その前史があるはずだ。それをたどり直していくと、日本の戦後の前衛芸術の系譜に行き当たる。

登壇したのは、日本のパントマイムの創始者、及川廣信とヨネヤマママコ、そして土方と並ぶ舞踏家の大野一雄の子息、大野慶人の三人である。なかでも現在九三歳になられる及川氏の肉声に触れられたことは貴重な体験だった。(このイベントの三カ月後、二〇一九年九月五日に死去)及川氏こそ、前衛芸術が勃興する手前にいた人であり、その後多くの芸術家を育てた、知る人ぞ知る前衛芸術の後ろ盾だった。（以下敬称略）

青森県八戸市に生まれた及川は、一九五四年、パリに留学し、エティエンヌ・ドゥクルーの門を叩いた。ドゥクルーは近代マイムの創始者で、後にジャン＝ルイ・バローやマルセル・マルソーらを輩出する俳優学校を創設した。及川はここで学びつつ、当時のパリの空気に触れ、戦後の解放感とともに新しく勃興してきた前衛劇の息吹きに接した。

及川がパリに来る前年に初演されたのがベケットの『ゴドーを待ちながら』である。同時期に留学していたフランス演劇研究の安堂信也はこの舞台を観て、後に不条理劇の代表作の翻訳・紹介を手がける。及川と安堂はパリで出会っていた。

二年間の留学後、一九五六年に帰国した及川は、六〇年に日本マイムスタジオを設立、さらに活動体として「アルトー館」を創設し、一九六六年に第一回公演を行なう。その後及川は、星野共とともに理論誌「肉体言語」を創刊し、舞台活動と並行して芸術理論の追求に向かった。

及川の理論的バックボーンとなったのは、自らの団体に命名したように、アントナン・アルトーである。アルトーは、一九二〇年代のパリでシュルレアリスム芸術運動の一角を担う詩人だったが、三〇年代以降は演劇人としての活動が目につくようになった。とくに生と肉体の問題について精力的に言及した。彼の言説は戦後、とりわけ一九六〇年代後半の「演劇革命」に多大な影響を与えた。彼の主著『演劇とその分身』（当時のタイトルは『演劇とその形而上学』）が日本で翻訳・刊行されたのは一九六五年である。翻訳は安堂信也。及川と安堂はパリ留学時代に触発された最新の戯曲と理論を携えて帰国し、一〇年経ってその種子を結実させたのだ。この二人からわたしは多くの学恩を得た。

こうして一九六〇年代後半のアングラ・小劇場運動の勃興の前夜、日本のアヴァンギャルドの一翼を担う活動が整えられた。

（2）ヒノエマタでのパフォーマンス・フェスティバル

わたしが及川に初めて会ったのは、さらにその二〇年後の一九八四年、福島県南会津郡桧枝岐《ひのえまた》村で開催された「パフォーマンス・フェスティバル'84　IN　HINOEMATA」だった。及川は中野に小さな事務所を構え、そこを拠点にさまざまな企画を手がけていた。その中でもっとも大きな事業が、パフォーマンス・フェスティバルの開催だった。美術、音楽、ダンス、映像、そして演劇。当時まだ無名だった若いアーティストから、すでにキャリアを積んだパフォーマーまでが桧枝岐村に結集した。わたしたちは村に数日間滞在し、互いのパフォーマンスを披露し、昼夜にわたって作品を批評し、芸術論を闘わせた。この記録は、翌年「肉体言語」一二号に掲載された。

一九八四年といえば、ジョージ・オーウェルが未来小説『1984』で来たるべき世界を予見した年である。日本で「パフォーマンス」はジャンルとしてまだ認識されておらず、名称としても定着していなかった。ただ個々のジャンルは行き詰まりの兆候が現われており、脱ジャンル、あるいはコラボレーションの気運が高まっていた。このタイミングで開催されたフェスティバルは、参加者にとって、とてつもない刺激剤となった。

浜田剛爾やガリバー（シュウゾウ・アヅチ・ガリバー）、池田一《いち》らパフォーマンスの草分け的存在から、舞踏の石井満隆、徳田ガン、吉本大輔、映像の飯村隆彦、音楽の竹田賢一、批評家の粉川哲夫、鴻英良ら当時の最先端の活動家を網羅し、多彩な顔触れが揃った。わたしはまだ二〇代だったが、その一群に加わった。

その中に、当時まだ無名だった勅使川原三郎がいた。彼は、端正で歯切れいいダンスを披露する傍ら、土の中に首まで埋まるパフォーマンスに挑み、参加者たちから一目置かれる存在だった。彼は一九八六年バニョレの国際振付コンクールで準優勝し、以後世界を股にかける活動を展開するようになったが、一九八四年の時点では、自らのパフォーマンスをマイムやムービングと自己規定していた。が、世界のマーケットに進出する中で、ダンスというジャンルに登録され、「芸術作品」を発表していった。「ヒノエマタ・フェスはまだ何者でもない若手が自由にいろいろな実験ができた面白い場だった」と彼はわたしに語ってくれたことがある。

解体社の清水信臣もこのフェスティバルで初めて野外劇『遊行の景色』を上演した。演劇の持つ移動性、漂泊性を主題化し、都会では味わえない身体の景色を現出した。彼らは自然の中で身体一つで拮抗する術《すべ》を開拓し、後の彼らの活動の基盤になったことは言うまでもない。

及川はここに集まったアーティストや批評家を束ねながら一種の超党派の芸術運動体を形成していった。決して声高に統合を進めたわけではない。拘束感がゆるい自由度の高い集合体。それは及川の人柄そのものだった。

（3）世界のフロントへ

ある日、青山にあるビルの一室に集まって海外からの新着ビデオを見る機会があった。この一室は「フロントハウス」と名付けられ、世界との接点をつくるべく構想された作戦基地のような場所だった。当時、粉川哲夫は「スペース」という言葉を駆使して、文化や芸術のあり方を探っていた。人が集まり、そこで生まれる化学反応を再組織し運動を展開していく。その思考に共鳴した及川らは、世界の最先端とつながる場を模索したのだ。

ベルギーの最新鋭という触れ込みで送り届けられたビデオを十数人で観ているとき、誰ともなく「これを呼ぼうよ」という声が上がった。当時及川はメイクアップ・アーティストのシュウ・ウエムラの仕事に協力する傍ら、芸術的な支援も受けていた。そこで及川はウエムラに交渉し、前衛的な舞台の招聘を実現させた。それがヤン・ファーブルの初来日公演である。一九八六年三月、ヤン・ファーブルは『劇的狂気の力』をもって来演した。

ヤン・ファーブルは当時、弱冠二八歳。まだ評価が定まっていない無名の新人にすぎなかった。だがそうした未知の才能を招聘するところに、及川を中軸としたパフォーマンス・グループの先進性があった。ヤン・ファーブルが演劇界に投じた波紋は小さくなかった。巨匠の蜷川幸雄はこの舞台に激怒し、彼が観た翌日、若手の団員をわざわざ劇場に送り込み、舞台の上にトマトを投げつけたというエピソードも残っている（その後、二人は和解し、ヤンは蜷川が芸術監督を務めたさいたま芸術劇場で何度も公演を行なっている）。あるいは高名なフランス演劇学者は、「前衛のゴミ溜め」と口汚く罵った。だがそれがいかに妄言であったかは後のヤン・ファーブルの活動を見ればば明らかだろう。

この年、ピナ・バウシュとヴッパタール舞踊劇団も初来日し、ヨーロッパの前衛を代表する二つのカンパニーが日本に上陸した。これは日本経済のバブルが始まる時期に当たり、経済面で運に恵まれたことは事実である。だが、それとは別次元で、前衛を支援し活性化する事業が、個人の発想と尽力によってなされていたこともまた事実である。

及川を代表とするヒノエマタ・パフォーマンス・フェスティバルは一九八八年まで五年間続いた。この八八年を機に及川は自身の意向もあって代表を退き、星野共が引き継いだ。星野はコンピュータを専攻する福島大学教授であり、及川と遠縁にあたる、もっとも信頼する同志だった。パフォーマンス・フェスティバルは「アートキャンプ」として、場所も会津田島や福島県内の廃校を利用して継続していったが、現在はほぼ休止状態にある。

このフェスティバルには日本の演劇、舞踏界から多くの者が参加した。例えば、大野一雄、太田省吾もパネリストとして参加している。こうした前衛芸術の集いは、八〇年代という時代を色濃く反映しているかもしれない。寺山修司や土方巽が亡くなり、消費社会へ急速に変貌する前夜、それでもアヴァンギャルドの風は、元気に吹き荒れていた。

(4) 時代の前衛

その後、及川はヒノエマタの活動から距離をとり、アルトーの演劇研究や肉体と生理学の研究などに没頭した。哲学、解剖学、形態学から、気功、五行、仏教など東洋思想との結合と理論を深めていった。どんな時代であっても、先端的な火種は存在する。その火種を炎に変えるには、火種を発見し，点火するモーターが必要だ。前衛芸術が下火になりつつあった八〇年代後半、及川とパフォーマンス・グループはその火種を炎に変える準備をした。それは個人や集団を超えたムーブメントとなって、二一世紀にまで流れ込んでいるはずだ。

及川は決して表立ってプレゼンテーションするタイプではなかった。むしろ商業主義に向かうことを周到に避けていたように思われる。宣伝もあまりやらなかったし、集客にも熱心ではなかった。現在のプロデューサーがアーティストの売り込みに熱心なのと対称的だ。前衛は商品になりにくい。それを無理に「商品化」し、強引にパッケージ化してしまえば、前衛の芸術性が損なわれ、単なる「消費財」に化すことを及川は知っていた。必ずしもプロデューサーとしての才腕に長けていたわけではなかったが、彼には真の前衛芸術家の「志」があった。わたしは『ALL ABOUT ZERO』で登壇したこの日、それを見た思いがした。その「志」はある意味で、「アンダーグラウンド」の精神であり、同時に時代を先駆ける前衛精神そのものだったのである。

(『テアトロ』二〇一九年八月号)

12　持続可能な唐十郎演劇

（1）旅公演の最終地

二〇一九年六月二三日、長野市城山公園で唐組公演『ジャガーの眼』は千秋楽を終えた。翌日、二ヵ月に渡る公演の主舞台となった紅テントは、劇団員の手でていねいに畳まれた。昨日まで華やかに夢と幻想が繰り広げられたテント劇場がひっそりと眠りに就くのをわたしは見届けた。

それにしても、何と過酷な旅公演だろう。公演の度にテントを立て、畳む。その労力に加えて、自然が彼らに味方しないこともしばしばある。前日の公演の最中、激しい雨がテントの屋根を打ちつけ、台詞が聞こえなくなるほどだった。通常、劇場の中でそんな経験はありえない。この異常さこそが、テント芝居の日常なのだ。

かつて状況劇場時代、唐十郎とその仲間たちの冒険の旅は、自由の象徴だった。扇田昭彦が記した「状況劇場南下す」（一九七〇年二月記）はそれについて書かれたもっとも優れたルポルタージュの一つだ。扇田はこう記述した。

「現地に着いた唐一行は公演場所を見て、即座にここは使えないと判断し、その夜のうちに別の場所に公演地を見つける。その臨機応変な態度は、演劇が行動そのものであることを知る。またトラックで移動中、海を見つけると、即座に海に飛びこみ、海水浴に興じた。」

（『開かれた劇場』晶文社、一九七六年）

一週間、彼らの旅に同行した扇田には冒険に満ちたユートピアの旅に映ったことだろう。演劇公演を間に置いて、生活と遊びが同居している。彼らにとって、旅公演こそが日常であり、生きることと演劇行為は真っ直ぐつながっていた。二〇代の若者だった彼らにとって怖いものは何もなかった。守るものも失うものもなかった。彼らの前には公演日程があり、そこへ行けば、彼らを待ち受けている現地スタッフがおり、その向こうに観客がいた。大学のキャンパスで公演を行なえば、バリケードから抜け出してきた学生活動家たちが、邪気のない顔をして野次を飛ばした。彼ら観客にとっても、芝居の時間だけは束の間の休息であり、活動の翼を休める時間に他ならなかった。

かつて紅も黒のテントも全国公演が定番だった。彼らのテントは簡易な移動用劇場であり、新劇が回る労演（現・演鑑）とは異なるルートと人脈によって実行されていた。彼らは生きた情報源として、生もののテント芝居をもって地方の観客と出会っていった。今ほど情報も交通事情も完備していなかった時代である。彼らの〝参上〟は、地元の観客にとって本物の衝撃だったことは想像に難くない。旅は興行である以上に運動だったのである。

だが唐組になってから、座長・唐自身の体力の衰えもあってか、旅公演の数は減った。大阪で始まる春公演は、東京での花園神社、鬼子母神の公演と続き、今年は石巻公演が加わり、最終地が長野というのが定番になりつつある。

(2) 最近の公演から

この春、唐十郎作品が相次いで上演された。先述した唐組公演の『ジャガーの眼』は久保井研演出で、新宿花園神社などで上演された。

一九八五年に初演された同作は、唐のライバルでもあった寺山修司へのオマージュをこめた作品である。一九八三年に亡くなった寺山には『臓器交換序説』という演劇論集がある。人体の機能になぞらえた演劇論で、『犬の心臓』というブルガーコフの小説を寺山は演劇論として扱っている。それを唐なりに転用したのが『ジャガーの眼』である。角膜を移植した青年しんいちがたどる数奇な運命、それは角膜の元の所有者の記憶を引き継いでしまった男が巻き込まれてしまう波乱万丈の人生だ。主筋を担う役柄の欲望は強靭で、その真っ直ぐで純な心情が強く物語を牽引していく。その中で、汚れ役をも演じた福本雄樹の進境著しい成長が強く印象づけられた。

唐組の公演が終わった一週間後の六月一五日から、花園神社で新宿梁山泊の『蛇姫様』が金守珍演出で上演された。紫テントは紅テントと違って、客席がきちんと整えられ、劇場然としている。もっとも最前列の観客は畳敷きの桟敷席で、劇中大量に放出される水は客席に容赦なく浴びせられ、観客は決して安全地帯にいられるわけではなかった。

同じ金守珍は三月に『唐版・風の又三郎』をシアターコクーンで演出している。この時はテントとは違って、元宝塚の柚希礼音や窪田正孝などアイドルタレントを起用し、商業主義的な公演だった。スターたちを観にきたコクーンの観客たちに唐作品は過激すぎる。そこでかつての盟友だった六平《むさか》直政が観客と舞台を笑いでつなぐ役を演じた。

大劇場で唐作品を数多く手がけてきた蜷川幸雄の遺志を引き継ぐのが金守珍だ。彼はややサービス過多な面がなくはないが、唐十郎の世界をよく知る俳優を媒介者とすることで唐作品を一般観客に届けようと奮闘する。観客は入り組んだ筋に戸惑いつつ、目の前で展開されるスペクタクルに圧倒され、固唾を呑んで見守るのだ。

（3）唐版革命劇

流山児★事務所の『由比正雪』はなかでも異色の公演だった。かつて状況劇場に所属したことのある演出家・流山児祥は、『由比正雪』の初演に出演している。だが上演中に聞こえる街頭のデモの騒音に注意を奪われ、「舞台に集中しろ！」と唐に一喝され、クビになったという。彼にとってこの戯曲が思い入れの深い作品になったことは言うまでもない。彼らの拠点、スペース早稲田での小劇場公演はテント芝居とは違う、唐作品の新生面を発見させたと言っていい。

この作品が初演された一九六八年は学生運動のピークに当たる年であり、その中心地が新宿だった。なかでも花園神社はそのど真ん中にある象徴的な場所だった。だがこの公演を最後に状況劇場は花園を去る。東京都による浄化運動の一貫で体よく排除されたのだ。そのさい彼らは、「さらば新宿」という「捨て科白《せりふ》」を残している。

「新宿見たけりゃ、今見ておきゃれ
じきに新宿　原になる」

語り部として登場する座長・流山児は、「さらば新宿」を戯れ唄風にアレンジして、劇中に取り込んだ（ただし最後の「原になる」は「灰になる」と聞こえたが）。実に巧みな演出者自身の〝本歌取り〟である。この言葉によって一挙に「状況」や「時代」が現在に呼びこまれた。

この一文はタブロイド判の機関紙に掲載されたが、以下の前文がある。

「われらにあって、花園は背景であった。／だが花園にとって、われらが背景であったことはなく、／これからもないであろう／今日にみえてほろびる者は／決して火をもたぬもろき煽動と貧しき煽動者によって現実原則を売りわたされた町の象徴だ（以下略）」（「劇団状況劇場」機関紙一九六八年八月一日号）

この唐十郎の文章は一種のアジテーションである。ここで用いられる「背景」とは状況そのものであり、その状況は決して「われら」に味方してくれるわけではない。時代はすでに後退戦に入っていたことを唐は直観的に見抜いていたのだ。10・21国際反戦デーで新宿は路上闘争のピークを迎えるが、この文が記されたのはその直前である。

大島渚監督の映画『新宿泥棒日記』（一九六九年）は、当時の新宿を探索するドキュメンタリー的な映画だ。その中に、状況劇場の面々が準主役で登場する。街は喧噪に満ち満ちていた。この時、花園神社で上演されていたのが『由比正雪』だったのである。状況劇場の前作『腰巻お仙』では白昼には決して浮上しない記憶の深層が主題化された。産み落とされなかった堕胎児は時代の無意識であり、その表皮を一枚剥いでみると立ち現われてくるのが、民衆の記憶と暴走するエネルギーだ。それは危険に満ちたものであり、その危うさこそが、「革命」的想像力だったのである。言い換えれば、現行の政治や社会への不信と、徹底的不服従がそこにあった。

当時二八歳の唐十郎はまだ無名で、恐れを知らぬ若者だった。彼の自由で破天荒な想像力は戯曲に端的に表われ、台詞には「まだ何者でもない」彼自身が色濃く投影されている。

「……おれはまだ何者でもないのだ。目の前に立ちふさがる誰かが、はっきり誰であるか見えてこぬかぎり、お前は自分を知りゃしない。そしてそれを知るとき、俺はおまえが何者かを知るだろう」

無名の何者かが固有名詞をもった「誰か」に成り替わるとき、それは自己を発見する契機であると同時に、他者の発見にも通じる。他者とは時代そのものであり、その下層に潜む民衆の欲望であり、徹底的不服従を根底に持つ叛乱の想像力だ。唐十郎はイデオロギーでそれを描いているのではない。無名の俳優の肉体の出現によって、それを観客と共有するのだ。

(4) 持続することの意味

唐十郎の演劇論『特権的肉体論』が「役者の台頭(復権)」によって開始されているのは偶然ではない。「肉体」というキーワードこそが時代の最前線に立つものであった。「バリッとそろった役者」を前面に据えた状況劇場以来、唐劇は一貫している。麿赤児(現・赤兒)、大久保鷹、四谷シモン、李礼仙らの初期状況劇場から、根津甚八、小林薫、佐野史郎、金守珍、六平直政ら七〇〜八〇年代の第二期。そして唐組になってから、稲荷卓央、久保井研、藤井由紀ら二〇〇〇年代の担い手が続き、現在は福本雄樹、福原由加里、大鶴美仁音らが続く。

そう考えると、多くの名優を生み出してきた状況劇場、唐組という運動体は唐という劇作家・演出家主導でありつつも、役者による集団性に負っていることを改めて痛感する。テントを立てることから開始される演劇作業の全行程を、すべて「自前」でまかなう流儀を彼らは今でも堅持している。だがかつて遊撃性、身軽さを武器にしたテント劇場も今ではかなり重いものになっていることは否めない。映画『シアトリカル』(大島新監督、二〇〇〇年)で、稲荷卓央は自分たちはストイックな「修行僧」みたいだと語った。唐組という集団にたどり着いた俳優たちは、効率重視のユニットに対して稀有な存在であり、「やめたくてもやめられない」というのが率直なところではないか。

だからこそ、こうした希代の演劇世界を持続可能なものにしていく必要があるのだ。

（『テアトロ』二〇一九年九月号）

13　小劇場の初動、アングラの初発

(1) 新劇とアングラをつなぐもの

戦後新劇の頂点から〈アングラ・小劇場〉の出立までを考えるとき、両者をつなぐいくつかの事象を確認しておく必要がある。

その一つは、六〇年安保闘争と、その前後に台頭してきた若手文化人の活動である。六〇年安保の前夜、まだ二〇代、三〇代だった若い作家や演劇人らが一九五八年に「若い日本の会」を結成した。この会で注目したいのは、劇団四季の浅利慶太と詩人の寺山修司の出会いである。浅利は、一歳年少の寺山に戯曲の執筆を依頼した。それが寺山の第一作『血は立ったまま眠っている』（一九六〇年）だった。この会が結成される以前に、大江健三郎と石原慎太郎はそれぞれ『飼育』と『太陽の季節』ですでに作家デビューを果たしている。会員は他に江藤淳、谷川俊太郎、永六輔、黛敏郎、開高健、羽仁進、武満徹ら多士済々な若手に加えて、劇作家の福田

善之も名を連ねていた。彼らが掲げていたのは「安保反対」という闘争目標だった。彼らは芸術活動とともに政治的意識を持ち合わせ、一つの運動として行動したのである。彼らの中には、後に保守系に転じる者もいたが、政治と芸術を両立させることが、この時代の黙契でもあった。

すでに「実験工房」は武満徹らによって一九五五年に創設され、ジャンルを超えた活動を展開していた。一九五九年には、青年芸術劇場（青芸）が米倉斉加年や岡村春彦、能の観世榮夫らを中心に創設され、若き日の福田善之も劇団の幹部として加わり、ここを拠点に大きく羽ばたいていった。実験を志す若者たちは徒党を組み、運動意識が昂揚していったのである。

六〇年安保は、政府自民党と社会党・共産党の二大陣営が衝突し、伯仲する間隙を縫って、全学連など若い学生たちが新たな第三勢力として台頭してきた。この時期は日本共産党の指導が強固で、安部公房や山崎正和らも党員になっている（後に脱党）。

安保闘争自体は革新系の敗北に終わったが、政治闘争から文化や芸術へ闘争がシフトしていったのが特徴的である。まだ何者でもなかった俊英たちが安保前後の革新陣営の周辺に集結し、党派を超えて多方面に活動の領域を広げていくのが、六〇年以降の芸術運動や小劇場演劇を準備したと言えるだろう。

(2) 小劇場の初動

ほぼ同時期に、いくつもの注目すべき劇場が誕生した。一九六二年にアートシアター新宿文化がATG映画の常設館として創設され、後に演劇公演としても活用された(その地下にはアンダーグラウンド蠍座《さそり》も併設された)。二年後には、紀伊國屋ホールが同書店本店内の四階に開場し、その後、演劇の殿堂となった。紀伊國屋演劇賞も始まり、やがてこの劇場は七〇年代に入ると、つかこうへいによって若者文化の拠点に育っていくのである。

しかし、真に注目すべきことは、以下の劇場の誕生である。一九六五年、代々木小劇場が演劇集団変身によって創設され、六六年一〇月には、早稲田小劇場が喫茶店二階にアトリエをつくり、翌月には、六本木にアンダーグラウンド・シアター自由劇場が開場したことである。その後、天井桟敷館や池袋アートシアターなど続々と小劇場が誕生している。

これらは元々あった場所をオルタナティヴな空間に改造したことに特徴がある。廃工場や倉庫など別の用途で使われていた場所を自前の空間として改修し、稽古場のみならず公演会場にも活用した小劇場だった。公共ホール以外には専門の劇場が少なかった時代である。若い後続の劇団にも廉価で貸し出され、新しい演劇を生み出す磁場になっていった。いずれも豊かな資本による劇場創設ではなく、貧しさの中から生まれた小劇場なのである。

こうした小劇場と、唐十郎の紅テントなどのテント劇場や野外劇場などが合体して、本格的な「アングラ・小劇場運動」が開始されたのだ。一九六七年から一九六九年にかけてである。これらは当時新宿などで勃興しつつあった都市革命へ波及し六八年の五月革命のパリと連動するものであった。

七〇年代以降、小劇場（団）はアトリエを構えることで活動を展開していった。演技を鍛え、演劇を理論的に追求するには、常設の作業場が必須であり、そのための創造の拠点だったのだ（この点で、文学座アトリエなど新劇系の小劇場とは根本的に異なる。文学座は本公演に至らない小公演を試演する場が必要だった。それがアトリエ公演だった）。

太田省吾と転形劇場の赤坂・転形劇場工房、金杉忠男と中村座の大崎アトリエ、演劇群走狗の高田馬場の群六舎（その後、演劇団が引き継いだ）、岡本章と錬肉工房の柏アトリエなどが典型的である。

八〇年代以降では、その志操に基づいて、流山児★事務所はSpace早稲田を開設し、大橋宏のプロトシアター、木村慎吾のストアハウス（江古田から上野へ移転）はアトリエ兼劇場として引き継いだ。真壁茂夫とOM－2のd－倉庫（前die pratze。現在は閉鎖）もまた同様の思想を引き継いだ。

これらオルタナティヴなスペースは、非営利的で商業的な貸し小屋とは一線を画す。これこそが、小劇場運動を継承していったのである。

(3) アングラの初発

こうした空間＝劇場を背景に展開されていったのが、アングラ演劇である。

六〇年代から七〇年代にかけて、演劇界は前衛劇の嵐が吹き荒れていた。従来の演劇の文法を壊し、劇場や上演の形態を一新し、戯曲や演技の在り方も変えた。そして観客との関係も、上から下へメッセージや意味が伝わる啓蒙的なそれではなく、相互触発的なものに切り変わった。総じて演劇の位置づけそのものが変わり、新劇とはまったく異なる演劇運動が展開していったのだ。これらを担ったのが、養成所など従来の演劇教育を受けていない「素人」の演劇学徒だった。彼らは徒手空拳で自らの存在をかけてこれまでの演劇の枠に収まらない想像力を開拓し、新しい演劇の貌を求めた。それがアングラの初発だった。

アングラの初発を「原点」と言い換えるなら、その原点には一九六〇年前後の文化・芸術活動があり、とりわけ土方巽の存在が大きかった。土方から唐十郎へアングラの遺伝子は直送され、後にアングラ演劇を形成する若者たちに伝播していった。佐藤信は土方に憧れてダンスにのめりこみ、若き日の別役実は、土方と交流を持った。寺山修司は、同じ東北出身者としてシンパシーを抱き、その土壌を共有した。

舞踏は西洋に発祥した舞踊とは異なり、下降するエネルギーを志向した。天空に飛翔する舞踊に対して、大地を踏みしめ、地霊と交感し、地球の中心に向かって垂直におもりを垂れることで、人間の本質に向かって思考する行為でもあった。それは同時に、人間の負性を見つめることとも重なった。だから「暗黒」なのである。

「暗黒」を見つめる行為は、別の面からアングラの志向性と同調した。それは「弱者」の側から人間や社会を見返すことである。近代社会から切り捨てられ、排除された者、すなわちマイナスの側に視点を据えることは、アングラの最大の特徴である。産まれなかった堕胎児を登場させる唐十郎の『腰巻お仙』シリーズ、人間の「みじめさ」を基盤に置いた鈴木忠志の初期早稲田小劇場、到来しなかったヒーローを探す佐藤信の『鼠小僧次郎吉』の連作、それらは近代社会から零れ落ちた存在へのまなざしに他ならなかった。

アングラの初発は、貧しさとともにあったが、この貧しさは、経済的なそれというより、時代そのもの、昭和そのものの貧しさ、後進性であり、その貧しさの根底には物質的なものと異なる「豊かさ」の契機がはらまれていた。貧困をダンディズムで装ったのが唐十郎である。その象徴が紅テントだった。唐は貧困であるがゆえのテントを自由で自在な空間や場所に反転させていった。まさに想像力の勝利である。

（4）前近代を武器に

アングラを下支えするもう一つの思想は、竹内好の「前近代を否定的媒介にして近代を超える」という志向性である。歌舞伎や能など伝統芸能は、迂回しながら前衛と結びついた。演劇から一つずつ要素を削り取り、一個の様式にまで高めていったのが、能である。

歌舞伎もまた、世間から排除されてきた「悪の想像力」を根底に据えていた。近世の悲劇を描いた近松に対して、南北は徹底的に悪（人）を描き出した。人間の醜悪さを突き詰めると、その底には人間の不可思議さや不条理に行き着く。悪や犯罪こそが逆説的に「社会を映す」のである。

太田省吾は初期の頃から、南北や歌舞伎を基底に据えていたし、広末保の近松論や南北論が小劇場世代に影響を与えたのも、前近代に魅力を感じたからである。新劇の側からこれにアプローチしたのは、青年座の石澤秀二だった。フランス演劇の専門家であった石澤は、世界の演劇事情から、悪が演劇の原点にあることに知悉していた。七〇年代に結成された「冥の会」は観世寿夫ら能楽師と外国演劇研究者らによって推進されたが、「前近代」が演劇人の焦眉の急であったことは、アングラだけの特権的所有物ではなかったことを意味する。能や歌舞伎にもまた負の精神が宿っていたのである。

小山内薫によって牽引された新劇運動が伝統演劇から訣別したかったのは、こうした「負」の遺産であり、みじめさを媒介にしなかったからである。近代日本の黎明を担った新劇は、その分健全であり、近代日本の青春時代を真率に生きたのである。

新劇は階級的負性を背負い込んだが、人生のみじめさとは無縁だった。それがエリート文化に通じる新劇の栄光と限界だった。

一九二〇年代の小山内、土方の築地小劇場と、平沢計七らの労働劇団との決定的な違いはここにある。築地小劇場は、今でいえば、中劇場のブルジョア演劇に相当する。だから千田是也は、築地小劇場のプチブル性に見切りをつけ、ドイツに渡って労働者演劇に身を投じたのである。その対比でいえば、小劇場とは秋田雨雀の土蔵劇場や、平沢計七などのプロレタリア演劇に淵源があったと考えられる。

アングラの初発は、後者を引き継いだのである。アングラ・小劇場運動が新劇運動と別のところから始まった歴史的経緯はここにある。これが新劇の近代性を踏破し、構造的に変えた「現代演劇」だったのである。

一九二〇年代に世界的に巻き起こったアヴァンギャルド運動に続く、第二次アヴァンギャルド革命である。

（『テアトロ』二〇二一年一月号）

14　不条理から非‐条理へ——別役実を再考する

（1）別役実の立ち位置

九州・福岡で開催された日本演出者協会主催の研修セミナー、「別役実を読む！」に参加した。（二〇二〇年一一月二二～二三日）リーディングやシンポジウム、レクチャーなど盛りだくさんで、三月に亡くなった別役実を考えるいい機会になった。

新聞などの訃報記事によると、「日本を代表する不条理劇作家」という肩書きが定番になっている別役だが、これを見直してみることからはじめてみたい。まず彼の立ち位置を確認しておこう。

岩松了は別役実をめぐるあるシンポジウムで、七〇年代の東京外国語大学の演劇研究会では、「唐十郎派」と「別役実派」に二分され、およそ七対三か八対二で別役支持は少数派だったと発言している。岩松自身は別役派だったようだが、これは当時の日本の劇作家の分布図を端的に表わしている。これを言い換えると、物語（＝ロマン）派対アンチロマン派に大別できるだろう。この構図を世界大に拡大すると、次のようになる。シェイクスピアvsベケット。太田省吾によると、シェイクスピアは「演劇王国」を代表し、対するにベケットは「独立漂流派」の旗手ということになる。言うまでもなく、別役はベケット派に属し、マイナー演劇に分類される。

九〇年代以降の別役は、「不条理は笑いで確かめられる」としばしば発言し、後続世代に安心感を与えた。難解でとっつきにくい「不条理」のイメージを身近で馴染みやすいものにしてくれたのだ。だがこれは別役実の仕掛けた罠ではないか。

彼の言う「笑い」とはどういうものだろう。苦笑、憫笑、冷笑、笑殺、あるいはノンセンス、シュールな笑いなど一筋縄でいかないことがわかる。いったいどういう笑いを別役は意図していたのだろうか。別役実を「なめてはいけない」と思わせるのは、例えば彼の発言にはこういう含みを持たせていることだ。

（2）日本の不条理劇

一九六〇年に日本初演された『ゴドーを待ちながら』以降、不条理劇が日本に入ってきたと言われる。五～六月に永田町の都市センターホールで初演されたこの舞台について、翻訳・演出した安堂信也氏は、「こんなニヒリズムの芝居なんかやりやがって！」と活動家から苦言を呈されたという。六〇年安保闘争の最盛期、国会周辺はデモで騒然としていた。日本国家が「のるかそるか」の重大局面を迎えているさ中に、そこからほど近い会場で、この芝居はひっそりと初演されたのだ。

だが政治や闘争に疲れ、デモや国会周辺での集会に疑問を抱いた者たちは、自分たちの現実がここに描かれている、と自分らの姿をこの芝居に重ねたという。ゴドーという存在を待ちながら、いっこうにやってこない当事者。希望がなく、未来がない状況に懐疑的な芝居。『ゴドーを待ちながら』とはそういう芝居だった。

だがベケットに共感を持った若い演劇人たちは少なからず存在した。唐、佐藤信らの第一作には、明らかにベケットの作品が影を落としている。その中に若き日の別役実もいた。アングラの初期作品にベケットが与えた影響は大であり、アングラは不条理劇とともに始まったといっても過言ではない。

戦後演劇を二分したベケットとブレヒト。新劇の代名詞だったブレヒトに反発した若い演劇人たちは、一時期こぞってベケット周辺に集結した。だが各人の捉え方は多種多様だった。唐の不条理は、浅草の芸人美戸金二（ミトキン）の摩訶不思議さ、ノンセンスで馬鹿げた情熱にこそ不条理の実態を見た。佐藤にとっては、シュルレアリスムの一変種とも言うべきもので、彼自身はイヨネスコ派だったという。秋浜悟史は民俗学的視点による論理で割り切れぬものだった。では別役の捉え方はどうだったか？

彼にとって不条理劇とは、なによりも新劇的リアリズム批判が根底にあったと思われる。『言葉への戦術』(烏書房、一九七二年)で激越なまでに安部公房批判を展開した別役は、テーマとしての不条理と方法としての不条理劇の違いを徹底的に論じた。社会劇やイデオロギーの道具と化した不条理の思想を別役は標的にしたのだ。そこで彼は、演劇の内実(思想)よりも、方法や文体に着目したのである。ここに別役(やアングラ)の独自性がある。

では日本と西洋では不条理の捉え方は同じなのか?

世界の不条理はどこで、何のために始まったのか。

不条理absurdは、ばかげた、辻褄が合わないといった意味の、ごくありふれた単語にすぎない。だが「不条理」といった大仰な言葉に訳されてから(小田島雄志訳)、この言葉は一人歩きし、深淵で高尚なイメージをまとい続けた。別役が「笑い」といったのは、ある種の脱神話化をはかろうとしたからである。

不条理劇の開始は、戦後まもなくの一九五〇年代、サミュエル・ベケットの『ゴドーを待ちながら』の初演(一九五三年、パリ・バビロン座)だったことはすでに定説になっている。以来、特異な作風と世界観をもった劇は、ヨーロッパ中を席捲し、「不条理劇」というジャンルを生み出した。

ほぼ時を同じくして、ウジェーヌ・イヨネスコ、フェルナンド・アラバール、ハロルド・ピンター、エドワード・オールビーらが続いた。命名したのは、英国のジャーナリスト、マーティン・エスリン。彼は戦後に登場した奇妙な舞台を「不条理劇」と総称し、以後世界中に広がった。

不条理劇は、目的を持たない登場人物の行動、主題が明確でない劇の筋や展開、結末に向かって一向に昂揚していかない劇。ドラマティックなことが起こらない、いわば「非ードラマ」である。ギリシア劇以来の従来の文法がことごとく否定された。なぜか。

その理由として、第二次世界大戦という人類史上最大のカタストロフィーの経験が挙げられる。具体的には、民族による他民族の大量虐殺（ホロコースト）があった。それがアウシュヴィッツ体験である。ナチによるユダヤ人虐殺は、「人体実験」という名目で、科学的、医学的見地からも遂行された。人類に未来をもたらすはずの科学の行き着いた先はこうした未曾有の経験だったのである。人類はもはや元に戻れない。ヒューマニズムを謳うことはもはや偽善でしかない。これまでの価値観、約束事を捨てるしかない。従来の美学や演劇的手法には帰れないのだ。それが近代劇批判、物語批判につながっていった。こうして、〈以後〉の思想＝演劇が探られたのである。そのさい、最大の標的になったのがリアリズム（批判）だったのだ。

（3）別役的主題と文体

別役劇が繰り返し描いてきたのは、共同体の中の悪意である。

ある街を訪れた男は、そこで住人たちと出会い、彼らとの問答の末、どこかぎくしゃくとした齟齬を来たし、ついに彼は殺される。定番とも言うべき別役劇の底には、戦後民主主義への懐疑がある。殺される男はつねに孤独な少数者であり、多数派の前に、彼の言い分は却下され、その結果、彼は死に至る。集団やコミュニティに巻き込まれた登場人物が殺されるという主題は、一見カフカ的である。だが、非人間的な官僚社会の犠牲者を描いたカフカに対し、別役が描いてきたのは、もっと現実的な日本の市民社会だ。

なぜ、死に至るのか。対話が成り立たず、行動のエスカレーションを止められないからである。言い換えれば、ルール（論理）がなく、集団は暴走し、自己制御できない。本来、対話によって成立する共同体とは別次元の、顔の見えない匿名性の集団が、そこに浮かびあがる。コミュニティ（生活者の営む共同体）は異物を排除することで秩序を保つ。その時、被害者に主体はあっても加害者に主体はない。匿名性の集団では、犯人を特定できない。「みんな」の意志が被害者を生むのである。いわば「見えざる意志」の発露が死を必然たらしめる。主体、あるいは中心はいつも不在であり、そのメカニズムを描くことが別役の主題だった。

わたしはこのメカニズムに既視感をおぼえる。そう、これは天皇制ではないか。責任をとらないシステム。それを丸山眞男は、戦後社会の「無責任の体系」と呼んだ。日本国憲法で「象徴」となった昭和天皇は、もはや人であって人にあらず、抽象的な存在と化して、戦争責任をとれないのである。

天皇制のメカニズムとは、例えばこういうことだ。会社組織で、ある社員が手柄を挙げたとする。だが彼は、その勲功は上司の手柄であるとし、勲功は上位に先送りされる。こうして最終的に、勲功を手にするのは会社の最高責任者である。組織が円滑に回っている時、これは日本人の謙虚さを表わす「美徳」となる。だが、失敗した場合はその逆である。責任は下に降りて来て、その結果、詰め腹を切らされるのはきまって末端の者である。昨今、話題になった「忖度」も同様のメカニズムから生み出されたものだろう。

こうしたシステムで成り立ってきたのが日本社会である。とりわけ戦後の高度経済成長を下支えしてきたのは、末端の人間の自己犠牲による献身的行為であり、それをファミリーとして抱え込んできた一種の家族主義こそが「会社主義」なのである。

これは前近代的なシステムではないか。言い換えれば、個人が成立しないことで成り立つシステムである。これが西洋個人主義との決定的な違いである。

論理を徹底的に詰めていくと、内部からシステムは崩壊する。これはベケット的とも言える。個人（主体）が立ち向かう状況が空虚であること、それを裏付けるのが神の不在、あるいは絶対的理念の喪失である。これが西洋哲学の到達点だとすれば、その先にあるのが「不条理」なのである。日本にはそのプロセスはない。その手前にある日本社会のメカニズムを描いたのが別役実ではないか。つまり条理（論理）に至る前の「非－条理」なのである。

別役が標的にしたリアリズム演劇の先に不条理劇がある。条理で成り立っていた近代社会に対し、ポスト近代が不条理劇に相当するとすれば、「非‐条理」の劇は、近代の手前の共同体社会における劇なのである。

不条理から「非‐条理」へ。ポストモダンからプレモダンへ（の回帰）、その象徴が「天皇制」だとすれば、別役劇は、西洋型脱近代の不条理劇ではなく、前近代的共同体主義（批判）の小市民劇にこそ根拠を持つのである。

（『テアトロ』二〇二一年二月号）

15　演劇の死の淵から

（1）演劇王国への回帰？

晩年の別役実は、「巨匠」としての道を歩んだ。劇作家協会の会長を務め、兵庫県立ピッコロ劇団の代表を担うなど、日本を代表する劇作家であったことは間違いない。が、この「巨匠」という位置にわたしは違和感をおぼえる。

前節で記したように、わたしは「独立漂流派」の代表格として別役を事挙げした。しかし、「巨匠」という言辞は、むしろ「演劇王国派」にこそふさわしいのではないか。

福岡でのシンポジウム「残る戯曲の条件」でわたしは、「最終的に別役さんは、「演劇王国」に移ったのではないか」と発言し物議をかもした。「演劇王国」とはギリシア劇に始まり、シェイクスピアを頂点とし、イプセンの近代市民劇を集約点とする演劇の「メインストリーム」である。対して、ベケットを発端としたアヴァンギャルド志向の演劇は、「王国」から独立する「漂流型」

の演劇群を形成する。演劇の王道から離れ、演劇の文法を疑い、演劇そのものの更新をはかる実験演劇志向である。不条理劇は、その試みの一つに他ならない。

別役は当初、独立漂流派として出発した。だがいつしか「王国」派に移行したのではないか、というのがわたしの推論だ。そう考える根拠は二つある。

一つは福岡でのリーディング『ジョバンニの父への旅』に言及した時だった。この作品は、宮沢賢治の『銀河鉄道の夜』を本歌取りし、そこにいかに現代的視点を付け加えるかを試みた新作である。原作に登場しない加害者の「父」を登場させ、親子二代続く系譜を取り出すことで、犯行の連続性を問うものだった。すでにある原作を上書きして、そこに時代的価値観を補筆する。これはシェイクスピアの常套手段だった。この手法自体、演劇の王道なのである。この手法を、八〇年代以降の別役は踏襲しはじめた。『ドン・キホーテ』を下敷きにした『諸国を遍歴する二人の騎士の物語』は、同作と同じ八七年に書かれた別役の代表作である。

もう一つは、別役はある時期から後期ベケットには「付き合いきれない」と発言し、「ベケット離れ」を宣言したことだ。『ゴドーを待ちながら』、『勝負の終わり』といった初期のベケット作品には、まだしも筋めいたものがあり、不条理劇と言っても、演劇を成り立たせる構造は十分具えていた。だが、『クラップ最後のテープ』ではすでに対話は生身の人間ではなく、以前に吹き込んだテープの過去の自分が相手となった。『芝居』では、首から上だけが舞台上の壺から出され、身体は部分化した。さらに『わたしじゃない』に至っては、照明が当たるのは俳優の口だけで、ついに身体は局部化されてしまったのである。演じる身体は次第に切り縮められ、極小化された。並行して、ベケットの演劇観も言語的に先鋭化、尖筆化していった。

こうした身体表現の縮小化は、俳優が舞台で演じることの根拠を乏しいものにしていった。身体の極小化は、演劇の否定にも映し出され、別役実は「これは演劇ではない」と語り、演劇史を引き返したのである。

一九八〇年代の半ば以降、別役は「ベケット離れ」を確信的に開始した（当時、別役の前衛性を信じていた若い演劇人たちは、一様に不満を漏らしていたことをわたしは記憶している）。別役の「王国」回帰は、この時点で始まっていた。とすれば、別役＝不条理劇の旗手というキャッチフレーズは、八〇年代にすでに幕を降ろしていたことになる。

先述した福岡でのリーディング『ジョバンニの父への旅』（演出＝田村さえ）、『青い馬』（演出＝五味伸之）は不条理劇という呪縛から解放され、別役のテクストを自在に変奏していた。孤独から連帯を探る田村にとって、別役劇は豊かな物語を提供する素材に過ぎなかった。人形劇という特殊性を活かした五味は、子どもの腹を立ち割るという残酷なシーンをユーモア溢れる演出に転化させた。二〇代、三〇代の演出家にとって、別役実の戯曲は、市民劇の範疇に留まるものだったのである。

(2) コロナ禍が突き付けた演劇論

別役が生きていたら、コロナ禍の演劇をどう考えただろうか。コロナ禍は、人間の行動が立ち行かない不条理な状況を生み出した。演じる者と観る者が同じ場を共有する演劇という装置ほど、痛手を被ったものもない。

ここで試みられたものに、オンライン演劇がある。これは演劇であるのか、そうでないかは意見の分かれるところだが、コロナ禍は演劇の成立条件をことごとく破壊したことは間違いない。まず人が集まって侃々諤々と議論しながら、集団で創作する場が失われた。俳優と俳優が出会い、そこで生じるエネルギーが演劇の生命線だという前提に疑問符が突き付けられた。さらに観客と俳優が対面し、共有する空間によって交換される想像力を奪った。こうした「演劇殺し」は、今般の演劇の危機を招来したわけだが、そのことで、かえって「演劇とは何か」の議論が生まれ、演劇論の深化があったのもたしかである。

オンライン演劇は小さな画面の中で、平面化された映像が映し出される。そこでは、画面の中に額縁が出現する。「額縁舞台」は一九六〇年代に始まる小劇場運動で、もっとも標的にされた敵対物である。額縁というフレームに囲い込むことで、枠外の一切を排除する。それが「近代演劇」を成立させる要因だった。オンライン演劇から舞台の「再額縁化」を感じるのは、わたしだけではあるまい。そもそも、小さな画面の中に封じ込められる映像は、演劇とは異なるジャンルと考えるべきではないか。

演じられる俳優の身体にも大きな変化が生まれた。生身性を感じさせないアウラを失った薄い身体による演技は、極度に記号化されるように映る。だが今般の小劇場に見られる、個性の乏しい、交換可能な俳優たちにとってはこの条件は、必ずしもマイナスにならないだろう。つまり、身体性をもともと追求していない演劇人にとって、オンライン演劇は何ら不都合がないのである。俳優をコマと考えるなら、演出家の指示に従順である記号は、扱いやすいオブジェに他ならない。すでに九〇年代の後半頃から、限られたスペースの画面に適合する舞台は出ていて、実際の舞台よりむしろ映像画面の方がより好感を持たれる舞台もつくられていた。

ここからオンライン演劇にいちはやく対応した者たちに共通する傾向が指摘できる。生身の身体性や躍動する空間のダイナミズムを志向しない者たちである。もともと舞台を二次元的な絵面と捉え、俳優の物質性にこだわらなかったのである。二次元から三次元に向かった2・5次元演劇と逆方向の志向性である。

そう考えると、オンライン演劇は演劇の新しい局面を拓いたと同時に、長い歴史を持つ演劇を「死」の淵に追いやったと言えよう。

(3) 演劇の死の淵から

ここでベケットをもう一度召喚してみたい。

演劇からさまざまな要素を削ぎ落したベケットは、限りなくゼロ地点にまで追いつめれば、かえって演劇の可能性を切り開けるのではないかと考えた。極現にまで身体を追い込み、演劇空間を縮小化していったその先に、演劇は成立するのか。身体の成立する場所がなくなれば、演劇は生息できないのか。それがベケットの問いだった。

そこで思い出されるのは、一九八〇年代半ば、青森県八戸市の豊島重之《としましげゆき》によって提唱された「非場所」論が彼の主催する演劇祭のテーマになっていたことである。前衛劇志向の豊島は、俳優の視野を極度に限定することで、俳優の身体行動を制限した。漏斗《じょうご》の面を付けた俳優たちは、視野狭窄の中で身体を漏斗の穴の先の一点に集約させた。身体を限りなく微分化し、いわば「身体なき身体」まで身体を尖筆化したのである。身体の極小化によって空間は厚みを失い、平面的になっていった。だが俳優の身体的行動は、それでも痕跡として残った。実際そこに点としてしか「存在しない」にもかかわらず、観客には手触れるのである。

集団が一緒に集まれないことで演劇作業ができないことに関しては、個別の俳優が各自の部屋で演技をし、仮想の舞台でこれらの映像を組み合わせ、合成することで舞台を生み出す。

大阪のエイチエムピー・シアターカンパニーの『ブカブカジョーシ、ブカジョーシ』（作＝大竹野正典、演出＝笠井友仁）は、ウイングフィールドの仮想劇場でこれを試みた。そこに生成する劇空間は一種の錯覚に他ならない。けれども対話は生まれ、劇的交流は生じ、そこにドラマは発生した。俳優は前衛映画『カリガリ博士』のようにデフォルメされ、無声映画にナレーションを付けたもののように映し出された。声と身体（行動）は微妙にずらされ、映像は舞台で起こっていることを使用しながら、ヴァーチャルな空間を生み出した。これは生の舞台でも、舞台を撮影した映像でもなく、まさに今、ここで生まれた関係性のドラマなのだ。上演と上映の合成と言ってもいい。そのさい、動画を配信する映像監督が、作品の作者の位置に格上げされる。映画が監督のものだということと同じ次元に変質したのである。

ベケットも映画と演劇の出会いを夢想していた。新しいテクノロジーを演劇に取り込むことに熱心だったベケットは、演劇と他ジャンルの臨界点を探っていた。身体や空間を極小化し、演劇を微分していった先に、何があるか。オンラインでやられていたことは、まさにそれなのではないか。

だがそこで決定的に欠落しているのは、観客である。周知に通り、観客が俳優や舞台に与える影響は甚大である。けれども、オンライン演劇では、観客はリアルタイムで生の現場に立ち会えない。画面上で拍手のサインや投げ銭などを用いて参加することは可能だが、これはあくまで画面の外側からの「擬似参加」に過ぎない。逆に、俳優も観客の生身に立ち会えない。拍手の熱さも、興奮の息づかいも、ヴァーチャルに感じるだけだ。これがオンライン演劇の最大の難点である。

ピーター・ブルックやイェジー・グロトフスキーなど現代演劇の先覚者たちは、観客の存在なくして演劇は成立しないと言明した。その究極の問いが、オンライン演劇に向けられているのである。それにどう答えるか。オンライン演劇を狭義の「演劇」として認知するか否かの最終判断はここにある。

別役実が発した「これは演劇なのか」という問いは、歴史的にみれば、幾度も唱えられてきた。一九二〇年代の第一次アヴァンギャルドの時代にはリアリズム演劇に対する疑問が突き付けられた。肉体の演劇を提唱したアントナン・アルトーの「演劇の不可能性」、二〇世紀の戦後社会に誕生した「反演劇」としての不条理劇、演劇の死の淵から切り出される問いは、従来の演劇の文法を破壊することで、演劇のまとう外皮を一新した。オンライン演劇によって突き付けられているのは、その何番目かの問いなのかもしれない。

（『テアトロ』二〇二一年三月号）

16　新自由主義以降の八〇年代演劇

（1）『ビリー・エリオット』が成立する背景

人気ミュージカル『ビリー・エリオット〜リトル・ダンサー〜』（二〇〇五年初演）は、天才的な少年ダンサーが成長していく様を描いた物語である。主人公ビリーの父親は炭鉱労働者だが、長引く不況の中、ストライキに関わり、困窮に苦しむ。ダンスのレッスン料もままならないビリーは、ダンスを断念するか否かを迫られる。

わたしがこのミュージカルに興味を持ったのは、この劇が労働問題を背景に成立している点だ。演出のスティーヴン・ダルドリーは、一九八〇年代の英国の労働環境を反映させたと語っている。こうした設定は、夢や理想を描くミュージカルでは、きわめて異例のことである。言い換えれば、こんな地味な物語がかくも世界的に受け容れられていること自体、驚くべきことなのだ。

一九八〇年代以降、世界史は大きな転変を経験した。とくに英国のサッチャー政権（一九七九

〜九〇年）成立後の「新自由主義《ネオリベラリズム》」と呼ばれる経済の開放政策は、世界の在り方を根底から変えてしまった。『ビリー・エリオット』はサッチャー政権時代の真っただ中の一九八〇年代を映し出すのである。

同時代では、米国ではレーガン政権が成立し、日本においては中曽根政権がそれに当たる。レーガンと中曽根が「ロン」「ヤス」と呼び合い、政治的結束を高めつつ、日米の関係を構築していったことは、その後の安倍政権にまで引き継がれた（ロン・ヤス会談を日の出山荘で準備したのは、劇団四季の浅利慶太だった）。

中曽根政権と言えば、労働組合潰しが有名である。労組の最大勢力があった国鉄は分割民営化され、JRとして生まれ変わった。だが同時に、最強の労働組合は解体された。公共事業が民営化されるにともなって、経済は自由競争を余儀なくされた。

一九八〇年代の日本というと、「バブル」という言葉が真っ先に思い浮かぶ。好景気に浮かれ、ディズニーランドや「ジュリアナ」に象徴される狂騒がこの時代のイメージを決定づける。だがその陰で、経済的な勝者と敗者が生み出す格差社会が始まり、利権や富が一極集中し、その結果、政治の保守化が促進されていった。この側面の方が、時代にとってははるかに本質的だった。例えばこの時代、「バブル」と対極にある「労働問題」を扱った作品など日本にあっただろうか。辛うじて思い出すのは、黒テントが上演した山元清多作『与太浜パラダイス』（一九七九年）や『比置野ジャンバラヤ』（一九八三年）くらいである。労働現場を題材にしたこの芝居は、当時ではかなり珍しかった。「八〇年代＝バブル」といったイメージは、自己充足した国内的《ドメスティック》な発想であり、世界との交流から断絶した日本の事情を色濃く反映しているのである。

(2) 八〇年代のもう一つの顔

八〇年代の演劇的事象として挙げられるのは、いわゆる「小劇場ブーム」である。だが今から見ると、「小劇場」のイメージは曖昧である。アングラや前衛と切れた後の、それに続く世代を「小劇場」と呼んだに過ぎないのであって、「運動」を喪失したマイナーカルチャーの出現に他ならなかった。この時期から現代演劇の中心は摑みがたくなり、サブカルチャーと化した「小劇場」が量産された。それが八〇年末から九〇年代にかけて出現した小劇場の「ブーム」の実態なのである。

その転換点はどこにあったたか。

バブル経済が始まった一九八六年をその分岐点と考えることができる。この年の始め、暗黒舞踏の創始者・土方巽が亡くなった。六〇年代芸術の牽引者であり、演劇界にも大きな刺激を与えた土方は、彼自身が踊らなくなってからも絶大な影響を及ぼした。土方の死はまさに前衛の死だったのである。

土方の死に先立つ三年前、演劇の前衛だった寺山修司も世を去っている。実験演劇を推進した寺山と天井桟敷の解散は、前衛劇の衰退をもたらした。二人の前衛の死によって、演劇の商業化への歯止めを失ったといっても過言ではない。

前衛の終焉から商業主義の加速化へ、一九八六年とは、その象徴的な分岐点だった。「八〇年代演劇」という括りでは決して見えてこない歴史の断層が、ここにある。

断絶の始まりは、その少し前からはじまっていた。一九八三年、劇団四季のキャッツシアターは中曽根政権との糾合で生まれた。場所は新宿西口の空地。わたしはこの公演を観に行った時、唖然とさせられた。つい数年前、この近辺に、紅テントや黒テントが立っていたからである。都市の摩天楼を視界に収めるテント劇場は、都市文明に牙を剥く絶好の場所だった。

唐十郎の状況劇場が、はじめてこの地でテント興行を試行したのは一九六九年である。当時の美濃部亮吉都政は唐らに公園を貸さず、いわゆる「新宿西口事件」で唐ら三人が逮捕された。これは今なお語り継がれる演劇史上に残る事件である。それから十余年、中曽根政権の肝いりで、この地に別個のテントが立ったのである。同じテント劇場でも、存在理由も演劇の根拠もまるで異なる。わたしはこの時、「テント劇場が簒奪された」という思いを抱いた。この十数年の時の流れは、日本社会の急変を象徴的に可視化した。

この頃から商業主義化が進み、演劇界でもまた格差社会が始まった。宝塚歌劇は七〇年代の「ベルばら」以降、勢いを得て、大型作品を次々とヒットさせた。東宝や（旧）ジャニーズ事務所も人気タレントを起用し、一挙にメジャー化した。資本にものを言わせた大劇場公演が躍進しはじめたのは、八〇〜九〇年代である。

こうした時代に、「芸術は壊滅した」と言って、前衛集団・転形劇場の解散に踏み切ったのが太田省吾である。小劇場演劇はマイナーながらも質の高い演劇で対抗してきた。が、こうした価値観が失効しはじめたのが、八〇年代末の演劇状況である。太田はブーム化した小劇場の「芸能化」を批判しただけでなく、その背後に圧倒的に隆盛を極めた大劇場をも射程に入れていたに違いない。これこそが、「新自由主義」の一つの結末なのだ。

他方で、バブル経済に乗った小劇場も躍進した。その代表格が、野田秀樹の「夢の遊眠社」である。八五年のつくば科学万博、八六年の国立代々木競技場体育館での大型公演は、「小劇場」では不可能な破格の観客動員を記録した。野田の演劇は「小劇場」という枠組みから逸脱していった。これを「飛躍」と呼ぶべきか、それとも商業化という「罠」には取り込まれてしまったのか。これもまた「新自由主義」のもう一つの側面である。

(3) グローバル化がもたらしたもの

この「新自由主義」からバトンタッチされたのが、「グローバリズム」である。グローバリズム(地球主義?)を生み出したのは、八九年のベルリンの壁崩壊に端を発する「冷戦構造」の終結である。ソ連邦は解体され、東欧の社会主義国は次々と市場経済に移行し、マルクス・レーニン主義の中枢は壊滅した。イデオロギーの崩壊とは、実は左翼思想や批判勢力の後退であり、それに替って、米国一強時代が到来した。これがグローバリズムの真相である。グローバル・スタンダードとは米国基準に他ならない。

並行して反米感情が高まり、敵対意識を露わにしたのが、アラブ＝イスラム教国だった。世界史は確実に多極化した。

先述した「小劇場ブーム」は、こうした世界史的転換にまったく対応していなかった。九一年の湾岸戦争ですら、対岸の事象にすぎなかった。小劇場は趣味的、個人史的な小物語を綴りはじめ、身辺雑記風になっていった。これもまた八〇年代前半から続く「おたくカルチャー」の行き着いた先である。

その一方で、八〇～九〇年代に発した試みは、現在の問題点の萌芽になっているものが少なくない。例えば、女性演劇人の台頭である。今から考えると、女性劇作家のまとまった登場は歴史的な意味があった。永井愛や渡辺えり子（現・えり）は今では押しも押されもせぬ時代の旗手であり、如月小春や岸田理生ら早逝した劇作家たちも含めて、この時代の彼女らの活躍は、二一世紀になって登場する長田育恵や瀬戸山美咲、野木萌葱らの登場を準備したと言えるだろう。すでに世界的には、フェミニズムは進化を遂げ、欧米ではラディカル・フェミニズムの段階に入っていた。日本の演劇界は世界の動きに必ずしも呼応していなかったが、女性演劇に関する限り、確実に成果を上げていった。例えば、初めて「アジア女性演劇会議」が開催されたのは、一九九二年である。

在日韓国・朝鮮人の演劇が徐々に登場するのもこの時期である。新宿梁山泊は一九八六年に結成された。劇作家・鄭義信と演出家・金守珍のコンビが放つ舞台は鮮烈であり、日本内部に他者の視点が持ち込まれた。その後、二人は別個に活動することになったが、彼らの志操は継承された。韓流ブーム以前に日韓の関係は構築されており、二〇〇〇年代になって、日韓演劇交流センターが立ち上がり、本格的な日韓の交流を推進した。政府同士の不仲はあっても、両国の演劇人の堅い絆は政治を超えている。

ダムタイプによる「S/N」プロジェクトはAIDSを主題化することで始まった。これは現在の「LGBTQ」につながる問題を初めて提示した作品=プロジェクトだった。彼らは障碍の問題も提起し、同性愛者の問題に関する会議などにも積極的に参加した。他方で、彼らの舞台はテクノロジーを駆使した、演劇というジャンルに収まらないパフォーマンス・シアターでもあった。

以上のように、一九八〇年代の底流として、女性、アジア、マイノリティから見返す視点が出現したことは確かである。

八〇年代の日本演劇の現象は、国内レベルだけでも、八〇年代という枠組みだけでも捉えきれない。世界史的な転換を視界に収めると、見えてくる風景が違ってくる。その根幹にあるのが、貧困が貧困を生み、富が富を増幅する格差社会を到来させた「新自由主義」と、それに続く「グローバリズム」なのである。

グローバリズムが席捲した一九九〇年代以後、民主主義を踏みにじる政治的蛮行が顕著になった。それに抗する対抗勢力は築かれたか。これを演劇界に転用するならば、小劇場のサブカルチャー化は多様な身体表現を生み出したのだろうか。従来の演劇の枠組みから脱したパフォーマンスやポストドラマ的な試みは、批判的な演劇を形成しえたろうか。逆に、共感の共同体をつくり、それ以外は排除したのではないか。分断社会の始まりである。

わたしはそれを、「エンゲキの迷走期」と名付けたのである。（『日本演劇思想史講義』論創社、第十八章、二四三～二五五頁）

その一方で、二〇一一年の東日本大震災とそれに続く原発事故を契機に、批判的な演劇が台頭してきた。しばしば「社会派」と名指されることの多い、七〇年代生まれの世代がそれに相当する。中津留章仁、シライケイタ、古川健と日澤雄介、横山拓也、前川知大、それに前述した長田、瀬戸山、野木らを加えると、相当数の新しい担い手が登場したことになる。

彼らが、演劇界に新しい風を吹き込んだことは間違いあるまい。（『テアトロ』二〇二一年四月号）

17　清水邦夫からの贈り物

（1）二通のはがきより

劇作家の清水邦夫さんが亡くなった。施設に入られてからすでに長い時間が経っていたので予期はしていたものの、ついにその時が来てしまった。戯曲作品は上演され続けているから存在感は相変わらず身近に感じていたが、演劇界から姿を消した感は否めない。

生前、清水さんから二通のはがきをいただいた。今から四〇年前、わたしがまだ劇評家志望だった頃、自身で刊行していたミニコミ紙「共創空間」に、「清水邦夫をめぐる演劇状況」という一文を執筆した。四百字詰め原稿用紙で一五、六枚ほどの小論だったが、その掲載紙を送ったところ、思いもかけず返信をいただいた。青インクの万年筆で丁寧に書かれたはがきには、こんなことがしたためられていた。

「今まで演劇批評に不信感を持っていましたが、貴方の書いたものには、信頼にたるものがありました。」

当時二五歳の何者でもない若者に対して、勝手に送り付けた文章を読んでくれた上に、礼状まで書いてくれたことは、大きな励ましになった。

このはがきをもらってしばらくして、わたしは本人にお会いする機会を得た。『あの、愛の一群たち』で清水さんは第八回「テアトロ賞」（一九八〇年）を受賞した、その会場でである。まだ『テアトロ』誌に縁のなかった若者になぜ案内状が届いたのか、記憶は定かでないのだが、水道橋近辺の会場に出向いた覚えがある。清水さんは四〇代半ばだったが、すでに巨匠然としており、そんな大人が不思議そうな表情をしてわたしを見るなり、ぽつりとこう言った。「もっと小さい人だと思っていました」。大柄なわたしの存在が文章と不釣り合いだったのか、あるいは劇評家のイメージが小柄な人だったのか、真意のほどはわからない。シャイで朴訥な劇作家と、世間知らずの劇評家志望者とでは話が弾むわけもなく、そのままお別れした。その後、清水さんと個人的に語り合うことはほとんどなかった。

もう一通は、二〇〇六年から〇七年にかけてのことだったと思うが、こちらの一通は苦いものだった。清水さんに刊行したばかりの劇評集『劇的クロニクル』を寄贈したところ、本が送り返されてきて短いメモが添えられていた。「私はこの本を受け取る理由がないので返却します。」

清水さんは演劇界に興味を失っていたのかもしれない。同時に、当人が劇評嫌いであったことを改めて実感した。

（2）創造的演劇批評へ

清水さんが劇評家に対して不信感を持っていたことは、エッセイ集『われら花の旅団よ、その初戦を失へり』（レクラム社、一九七四年）の中の「演劇批評を批判する」を読んで納得した（初出は『テアトロ』一九七三年一月号）。

清水さんは、なんでもわかった風に舞台を裁断する批評を嫌っていた。彼の創作態度は、「ぼくなどは見えない部分があるから芝居を書いていく」（前掲書、二〇二頁）もので、舞台を一度通過しただけで、すべてわかってしまう劇評家に、生みの苦しみがわかってたまるか、という思いがあったのだろう。それが劇評家への不信の理由だった。

そこで彼は「創造的演劇批評」というタームを用いて、あるべき批評の形を提示した。それによれば、「自己と演劇とが斬り結び、どちらの血もしたたり落ちているような批評である」。拙稿の文章を評価してくれた理由はそこに触れたからではないか、と四〇年経って考えてみた。この文章は受賞作『あの、愛の一群たち』について言及した後、櫻社解散後の彼の活動について記したものだ。書籍刊行物に未収録なので、一部引用する。

「……櫻社以降の清水邦夫は七五年に『幻に心もそぞろ狂おしのわれら将門』を劇集団風屋敷

のために書き下ろした。周知のごとく、この上演の試みは破産し、この中止は集団を解体に導いたのだが、……この作品は、清水邦夫の作品史を切断するという意味で、きわめて特異な位置を占めている。『……われら将門』は七八年にレクラム舎が渋谷・パルコ横のテントで上演した。（初演は劇団河が一九七六年）この上演に関して概ね次のような批評が出された。たとえば大笹吉雄は、戯曲のなかの政治言語が書き下ろしから三年の空白を経て著しく風化してしまったという主旨のことを語っている。確かに従来の清水劇の批評のパターンからすれば、それはそれでひとまず肯うことができよう。つまり作品を時代状況に包摂し、そこからアレゴリカルに読み換えていくという批評の方法としてはである。将門を中核とする集団の崩壊過程は、近くには連合赤軍の末路とぴったり符牒を合わせており、さらには一般の政治セクトの集団解体の雪崩現象をよく写しとっていたと言えるからだ。

この劇が書き下ろされた七五年とは、さまざまな運動が対他的な敵、対象化すべき方向性を見出しにくくなってきた深刻な時期に相当しており、従って各集団は〝持続〟を自己目的化して内ゲバや分派闘争を徒らに繰り返していた。それは集団が自己完結してしまったあとの末路を見事に体現していたのである。『……われら将門』はそのような劇団崩壊を虚構化することで、一般の状況を先取りし、表現として突出させた。それは清水自身の状況認識であり、またひとつの時代の終焉の確認であったのかもしれない。……私は大笹氏の発言を読みながら、はなはだしい異和を覚えた。つまりこの劇は、革命集団の無限の繁殖性、次から次へと第二、第三の将門を生み出しつづける永続革命の運動性をこそ含意していたのではないか、と。もちろん清水邦夫がどのように意図していたか、ここでは問題ではない。七五年にひとつの総括として書かれた作品が三年の空白を経て舞台にのせられると、作家の意図とは裏腹に別個の作品として生まれ変わった、つまり状況が作品を変質させたと考えられないだろうか。あるいは三年の空白のあいだに別の生命が宿り、新たな相として蘇ったといえないか。政治言語の風化現象が確認されたという意味で『……われら将門』は象徴的な位置を占めるだろうが、それはあまりにも自らの生活史に引きつけすぎているのではないだろうか。私はすでにこの作品は、そのような見られ方を拒否すべき位相にあると考えた。それはどちらが正解であるというような次元を通り越して、いわばある時点を境にして芝居の見え方、見られ方が変わりはじめたのではないかということである。」(「共創空間」第八号、一九八〇年八月二〇日)

若書きの文章の稚拙さはともかく、八〇年前後の時代認識と、批評の在り方への提言は、今読み直してみても、大して変わっていない。この『……われら将門』は、集団を自壊に導いたいわくつきの作品であり、だからこそ集団の意志を引き継ごうとした後続者と、永続革命に託した創作者の切なる思いは、決して軽いものではなかろう。「後退戦」の中での必死の反撃であったはずだ。それを「政治言語の風化」という言葉であっさり総括する劇評家の「苦渋のなさ」が、同じ表現の土俵に乗っていない傍観者の眼だと、清水には映ったのだろう。彼の盟友だった蜷川幸雄も批評への怒りは相当のものだった。蜷川は酷評した劇評を、劇場ロビーに張り出し、反論したというエピソードも残っている。もちろん創作者を鼓舞する劇評も数多くあったはずだ。ある意味で七〇年代とは、創作家と批評がそれくらいの緊張感をもって舞台が成立していたのである。

わたしの批評がどこまで「創造的演劇批評」になっていたか確信はないが、少なくとも清水氏は作品のもつ潜在的可能性に光を当てたことに共感してくれたのではないかと思う。

(3) 集団＝徒党の解体と小劇場運動

清水邦夫を評価するにあたり、もっとも意義深いのは、全共闘運動と連動しながら小劇場運動の一翼を担っていた現代人劇場、およびその延長上での劇結社「櫻社」時代であろう。期間にしてわずか五、六年。清水の活動からすれば数分の一にしかならないが、この数年の密度の濃さは、彼にとっても格別のものがあるだろう。

この集団を共にしたのが演出家・蜷川幸雄であり、俳優としては石橋蓮司、蟹江敬三、真山知子らである。その後、彼らは分裂していくが、アートシアター新宿文化を拠点とした活動は、六〇〜七〇年代のもっとも大きな成果の一つであったことは言をまたない。清水の「ぼくと劇的徒党性の解体」は、ある種の痛みなくしては読めないインタビューである。(『ほほえみよ、流し目の偽彩よ』所収、レクラム社。初出は『新劇』一九七四年一〇月号)

一般に櫻社の解散の原因は、一九七四年に蜷川幸雄が日生劇場で演出を引き受け、商業演劇に進出したことだとされている。確かにそれが直接的な要因であったろうが、集団の内部では解散に至る別の要因もあった。それは、櫻社自体に内在していた問題である。プロの劇団として活動していくのか、政治運動の一貫としてあくまでアマチュアに留まり続けるかという集団の進路をめぐる問題だった。言い換えれば、アングラ・小劇場運動の末期として、集団論をどう組み直していくかの選択の前に、彼らは立たされていたのだ。一九七三年とは、まさにその岐路だった。

小劇場運動は、従来の劇団制の在り方への疑問を提出することから始まった。生活のための職能集団としての「組織」か、芸術の創造的発展を画するための「集団」か、この間で大きな選択を迫られていた。それはこれまでの「運動」の在り方をどう捉えるのかの分岐点でもあった。清水は櫻社を劇団制から解放して、もっと緩やかな結合体、個々人の自由な活動を展開できる場と考えた。劇団を継続していくために公演を打つといった新劇の悪弊に陥らず、「演劇が先にあってその次に徒党がある」（前掲書、八三頁）というイメージで捉えていた。役者においても、「技術のうまさよりは、役者の存在感がしたたかにあるほうを選ぶ」（同、八八頁）といったように、新劇の規範とは別の基準をつくろうとしたのだ。「戯曲そのものが新しい表現を求めていなければ、新しい演劇っていうのはできない」（八七頁）。上演の疲弊の予兆が、櫻社の最終公演『泣かないのか？　泣かないのか一九七三年のために？』で顕著に表われたと清水は自戒をこめて確認する。「突破口なのか退路なのか」（八五頁）。政治セクトの問題であると同時に、演劇革命の問題でもあった。この課題をどう考え、どう進むのか、櫻社はそこに方途を見出せず、呆気なく解体した。

統一見解を持てない集団は脆い。解体は唐突にやってきた。集団の高揚期はそう長くは続かない。せいぜいが五年ないし六年である。櫻社の解体は必然だったのである。

清水邦夫はその不発の革命をどう見据えていたのだろうか。

（『テアトロ』二〇二一年七月号）

18　清水邦夫からの贈り物（続）——疾走した五年間を中心に

（1）珠玉の戯曲集と時代の児

わたしが大学に入学して最初に購入した戯曲集は、清水邦夫の『ぼくらが非情の大河をくだる時』（新潮社、一九七四年）だった。彼が岸田戯曲賞を受賞したことを知り、早稲田大学の演劇科出身だったこともあって、勝手にシンパシーを抱いていたことも理由の一つだ。

この戯曲集は、以後繰り返し熟読した。シェイクスピアやチェーホフなど古典戯曲は中高生で読んだことはあったが、同時代の劇作家の作品に触れたのは清水戯曲が初めてだった。

鮮烈だった。言葉が詩的で、飛び跳ねていた。それは他者を求めて宙空に投げ出され、受け止める者を探しているかのようだった。誰かに向けた叫びのようでもあれば、劇作家の魂からあふれ出た詩情のようでもあった。後に、その言葉たちは、「街」に向けて放たれているのではないかと考えるようになった。清水戯曲は、演劇を学びはじめたわたしにとっての恰好の導き糸となった。

だが最初から清水はそうした戯曲を書いていたわけではない。

清水邦夫はなによりも「時代の児」だった。彼の第一作『署名人』(一九五八年)は、自由民権運動のさなか、讒謗律の身代わりになって刑務所に収監された署名人と、闘士二人との虚々実々の駆け引きを描いたものだ。古典的な枠組みをもちながら、閉鎖空間の中での力関係の浮沈を描いた秀作である。

同じ年に書かれた『朝に死す』は『ゴドーを待ちながら』を想起させる箇所が出てくる。ベケットの『ゴドー』が訳出されたのは二年前の一九五六年で、白水社から刊行された「現代海外戯曲」シリーズの一篇だった。果たして清水がそれを読んでいたかどうかは定かではないが、この酷似はやはり尋常ではなかろう。

それればかりではない。『朝に死す』には当時流行していた実存主義的な傾向が濃厚で、壁という限界状況を前にして、そこからの脱出を企図するものだった。サルトルや安部公房の影を見ない方が不自然だろう。清水は自分の作風を確立する前に、時代の渦中で試行錯誤を繰り返していたのである。

清水が本格的に演劇と出会うのは、蜷川幸雄らと劇集団を結成してからであろう。その第一作が『真情あふるる軽薄さ』(一九六九年)だった。演出家・蜷川幸雄にとっても事実上のデビュー作となった。『真情……』はまるで即興劇の台本のような特異な戯曲である。行列に割り込む青年の無茶な挑発と、それをたしなめる中年男らの言い争いをそのまま舞台に持ち込んだかのようだ。観客は現在の新宿でごく普通に目にする光景を舞台上に見て、路上の市街戦さながらのリアルさに目を奪われたに違いない。同時に、若者と大人の世代の断絶こそ、この時代にとってもっとも切実な課題だとみなしたはずだ。観客は「われわれの問題」を探り当てたのである。『真情……』はたちまち評判になり、現代人劇場は勢いをつけ、以後、櫻社を含めて一九七三年までの五年間、毎年秋に新作を発表し続けた。その過程で清水＝蜷川コンビは絶頂期を迎えた。

当時の小劇場演劇にとってもっとも重要だったのは、集団による創作である。集団があってこそ、劇作家や演出家は生まれる。だとすれば、現代人劇場、櫻社時代ほど集団における俳優と劇作家が相互触発的で、刺激的な関係はなかったろう。そこには、蜷川幸雄という媒介者がいて、創造現場をつねに活性化していたことは想像に難くない。

二人は次にどんな芝居をやろうかとつねに話し合っていた。清水の出すアイデアを蜷川が受けてさらに練り直すことで、公演の準備は進められた。そこから時代の最先端の主題が見出されていった。その濃密な関係から、状況の真っただ中で何が探られるべきかが提出されたのだ。それが行列の中での挑発であり、裁判闘争（『鴉よ、おれたちは弾丸をこめる』一九七一年）でもあった。

（2）状況への参画

「なんて予感に充ち充ちた便所なんだ。このさりげないたたずまい、かすかにただよう懐かしき臭気、それでいてごうまんなまでの自己主張、そして日々あくこともなくくりかえす大衆との対話……」。

『ぼくらが非情の大河をくだる時』の冒頭の台詞だ。一語で世界を鷲掴みにする力感溢れた言葉は、聖俗の間で揺れ動くダイナミズムに裏打ちされていた。「詩人と時代とのむすびつきとは、時代の反映者たることではない。詩人の役割とは、時代の見えない部分と結びつくことだ。真の時代を発見することだといってもいい」。この詩人を劇作家に置き換えれば、ほとんど清水自身のマニフェストに等しい。「時代の反映」ではなく、「真の時代を発見することだ」という認識は、作者が自覚する詩人の役割であり、自らに課したミッション（使命感）でもあった。

『ぼくらが非情の……』は「新宿薔薇戦争」という副題が付されている。新宿のとある公園の公衆便所に夜な夜な集まってくる同性愛者たちの「真夜中のパーティー」（これは当時流行した映画の題名である）。そこに闘争で精神を冒された弟を追って兄と父がやってくる。奇妙な精神の葛藤が、ゲームとも「ごっこ」ともとれる遊戯の中で始まる。

父と兄弟の三人家族は清水劇の基本的な構造である。弟を慮る兄と、どこか二人を突き放す父との関係は、学生運動が盛んだった六〇年代の家族関係を想起させる。父と子の世代的対立、戦後民主主義教育を受けた者と戦争体験者との価値観の相克、それはまさしく日本近代史における大きな断絶だった。こうした歴史的葛藤を家族関係の中に集約したのが清水劇だった。

現代における創作劇にとって、劇と外枠をつくる時代状況との往還関係は必要不可欠だ。舞台を観た観客は、自分たちが生きている同時代の状況を舞台上に見る。ここで念頭に置くのは、一九七二年に起こった連合赤軍事件であり、とりわけ集団の内部で生じたリンチ事件、いわゆる「総括」だろう。現実に起こった事件を舞台の設定と重ねる手法は、現代人劇場、櫻社を通して、清水＝蜷川劇の常套手段でもあった。

劇評家・扇田昭彦が『ぼくらが非情の……』へ寄せた劇評はまさにその是非を問うたものだった。

ラストシーン、自らの手で殺してしまった弟の死体を前に、兄はこう語る。

「とにかく河岸までいこう。（中略）さ、おれにしっかりつかまるんだ、ふり落とされるな、もし無事に河岸へつけたらおれたちは舟を出すぞ、たとえ十月の蝶にも似たか弱い舟でも、おれたちは漕ぎ出すんだ……」。

この台詞に対して、扇田は懐疑的だ。「これではまったく駄目なのだと私は思う。連合赤軍のリンチ事件以後の事件に対する私たちの総括は、決してこのように美しい、心情的な決意表明のレベルでなされてはならないのだ」（『現代演劇の航海』リブロポート、一九八八年、八九頁）と批判した。決意表明を超える運動の論理を。扇田は通常の劇評レベルを超えて、責任性にまで踏み込んで劇と対決している。まさに血を流すごとく、だ。

この舞台は状況に対応する思想性を提示し、それに対峙する相応の思想が観客に突き付けられていたのだ。演劇が「事件」だった当時の時代性をよく物語るエピソードである。彼らの舞台は、今起こっていることを舞台上に仮構し、その意味を思考することにあったとするならば、観客側もまたそれをどう受け止めるかについて思考せざるをえない。そこに賛否の議論が巻き起こる。

こうした劇と劇評の闘いこそ清水が求めたものだった。それは安全地帯という退路を断った熾烈な闘争であり、現代人劇場－櫻社での五年間の軌跡でもあった。この活動の中で、清水は激しくもがいたことは間違いない。だが演劇人・清水邦夫にとって、この五年間ほど充実した時間を体験したことはなかったろう。それは彼と活動をともにした「集団」があったからである。

（3）路上のドラマ

清水作品の成立に大きく寄与していたのは、アートシアター新宿文化という存在である。繁華街の路上に面したこの劇場は、もともと映画館だった。奥行きがなく天井も低く、演劇公演には劣悪な条件だったと清水は繰り返し述べているが、ふらっとフリーの観客が入って来られる「開かれた劇場」でもあった。街と密接に関わり合える場所でもあったのだ。

アートシアター新宿文化はＡＴＧ映画の封切館で、日本のニューウェーブともいうべき若き映画監督が次々と新作を発表する最先端に立つ映画館だった。新宿は当時の演劇と映画、ジャズなど音楽文化も含めて、時代の前衛であった。西口の地下広場はフォークゲリラなど、路上にドラマとも言うべきパフォーマンスが噴出していた。新宿が「若者の街」と言われるようになったのは、この時代からだ。こうした中、一九六八年の10・21の国際反戦デーでは「騒乱罪」が初めて適用された。清水＝蜷川にとって、新宿は劇の背景＝借景でもあり、『真情……』も『非情の大河』もその借景を思う存分利用した作品だった。いや、新宿以外ではこの種の劇の上演はありえなかったろう。チケットを求めて劇場の周囲を、幾重にも行列をつくる観客という名の民衆。まさに自分たちの劇に参加する能動的な観客たちだ。彼らは舞台と格闘したいがために劇場にやってきた。その観客にどう立ち向かうのか。舞台創造者はその前面に立たざるをえなかった。それがアートシアター新宿文化が与えた背景だった。

だがこの活動は五年間で、突然打ち切られた。その理由はいくつもあるだろうが、最大の要因は、「観客が消えた」ことだろう。観客は政治の季節から遁走し、路上にあったドラマは起こらなくなった。騒乱と運動の日々は、徐々に消費の時代へと潮目を変えていった。

以後、清水邦夫は自立した劇作家として戯曲を発表し、女優の松本典子とともに上演活動を展開していったが、二度と再び「事件」となるような演劇は生み出せなかった。『楽屋』など演劇論を取り込んだ劇や、記憶を失い、故郷を喪失した者たちの劇を書き続けたが、それは従来の

「巨匠への道」に他ならなかった。

一九七六年、四〇歳になった清水は演劇企画集団「木冬社」を結成する。この命名にはピークを終えた者が「冬の時代」を迎えるに当たり、黙って祷りながら（黙祷《もくとう》）生き抜くしかないという諦念と覚悟がこめられているように、わたしには思われる。

以後、清水邦夫は蜷川や石橋、蟹江らと別れ、小劇場運動の一線から離れていく。


（『テアトロ』二〇二一年八月号）

19　進化する2000年代演劇

(1) 二〇〇〇年代の意味

二一世紀に入って、すでに二〇年余り経過したが、わたしには「二〇〇〇年代」という言葉の方がしっくりくる。二〇〇〇年代は直近の九〇年代や八〇年代と地続きであり、現役の作家を持続的な活動の中で捉え直すことが可能だからだ。

批評にはレファランス（参照項）が必要である。単発の作品では見通せない集団作業の積み重ねが、彼らの歴史を参照することで、演劇哲学を見出すことにつながるだろう。

川村毅の新作『オール・アバウト・Z』を観て、わたしが直ちに連想したのは、一九八四年に書かれた『ニッポン・ウォーズ』（以下『NW』）である。これは川村の初期の代表作であり、一九八〇年代という時代の内実を率直に映し出した傑作だった。『NW』を出発点として、今作はその見事な「進化系」になるだろう。川村が三七年前のモチーフを持続的に考え続けていたことに、わたしはある種の感銘を覚えた。

ここでは、川村作品を長年見続けてきた者としての観点で考えてみたい。

アンドロイドは記憶を持てるか。リドリー・スコットの『ブレードランナー』（一九八二年）に出自を持つ『NW』は、同時にフィリップ・K・ディックの『アンドロイドは電気羊の夢を見るか？』（一九六八年）にも淵源があり、SF文学、映画を含めて、二〇世紀末の根幹に関わる問題を扱ったものだ。初演の一九八四年当時、アンドロイドや人造人間は、まだ空想の域にあった。だが現在においてはどうだろう。AIは飛躍的に進化し、さまざまな分野でロボットの実用化が進みつつある。ロボットと共存する社会がすぐそこまで近づいてきた。AIにとって代わられる職種も現実味も帯びてきた。この作品はもはや空想ではなく、まさに現在形の問題を提示しているのだ。

少し丁寧に作品を見てみよう。舞台の設定は、今から三十数年後の二〇五X年。二〇二〇年に発生した感染症、GOLEM《ゴーレム》-20で若年層に多くの死者が出た。

この劇に登場する五人の若者たちはすべてロボットであり、当時一四歳だった少年たちの記憶が、二〇五X年の彼らの脳に埋め込まれている。

感染症を防ぐために都市はロックダウンされ、すでに三十数年続いている。人々は外出することもなく、一つの空間＝施設で暮らしている。『NW』の設定は、ここではない外部のどこかが想定されていたが、今作では外部は閉ざされている。

彼らはパーティー（党）をつくり、政治政策を提案する。だが多数派が議会を占め、彼らにとって都合のいい政策を決定する、その旧態依然ぶりに三十数年後の彼らはうんざりする。つまり、現行のコロナ禍で断ち切られようとしている旧生活、旧価値観は三十数年後には切り捨てられるということだ。現在と未来の対比が、現行政治の無効性を告げている。

作者の世界観が全面展開されたこの劇は、さながら思想を舞台上で見るようだ。資本主義の行き詰まりを見た作者は、それにとって代わるコミュニズムを探求する。ただし二〇世紀型コミュニズム（社会主義／共産主義）ではなく、新しいコミュニズムを探ろうというのが、川村の現状認識だ。

「私たちというのは、競争とか戦いとか避けるように育てられた世代だ。…そうしたことは無益だと教育で刷り込まれた。それはそれでよかったと思ってますよ。他人との競争で自滅していく上の人たちを何人も見ていますから」（『オール・アバウト・Z』論創社、二〇二一年、八四頁）

ニッポンの戦争を描いた劇作家は、「叛乱」すらもプログラミングされていたことを三七年前に活写した。その認識は、その後の教育で批判や闘いを回避するように刷り込まれ、あまつさえ、自己責任を叩きこまれた。その年齢こそが一四歳なのだ。

日本人は教養があって、政府の指示に従っているのではない。批判や反抗を回避することで、責任逃れをし、忖度社会の中で辛うじて生息場所を見出している、そう作者は語っているかのようだ。これはわたしも同感である。

二〇二〇年の感染症で生き残ったZは、死の床に伏しながら、かつての同級生たちをロボットとして再生させ、彼らのアバター（分身）として世に送り出す。だがZには、生き残った者の罪悪感（サバイバーズ・ギルト）はない。

果たして人間はどこへ行くのか。そもそも自分たちは何者なのか。『NW』で思考された三七年前の問いは、依然として答えを持たない。外形は変わっても、本質は不変だ。

だが異なることもある。川村自身も戯曲集のあとがきで書いているように、『NW』には、二〇代の若者たちが、未来をどう切り開いていくかの予見性があった。集団で追求していく疾走感がそれを下支えした。だが、思想書を繙くような今作では、その未来性は見られない。小劇場が持つ特権的な若さとエネルギー、それ故のエロスとパワーは影を潜めた。言い換えれば、演劇が持つ官能美はもはやない。その変異は、第三エロチカからティーファクトリーの移行にぴったり付随している。

川村毅はこれからどこへ向かうのか。明晰であるが故に進み過ぎてしまった思考装置としての演劇と、俳優の集団性による愚直なる演劇という化け物をどう使いこなすのか。進化する川村毅の最終地点を見届けてみたい。

(2) 二〇〇〇年代の唐十郎戯曲

わたしが二〇〇〇年代を強く意識させられたのは、実は詩人の新井高子著『唐十郎のせりふ』(幻戯書房、二〇二一年)を手にしたからである。この本の副題は「二〇〇〇年代の戯曲をひらく」となっている。わたしはこの本を読んで、漠然と考えていた唐十郎の二〇〇〇年代の舞台に、的確な言葉が与えられたことを知った。以下、新井の論考を基にしながら、一九八〇年代から二〇〇〇年代への変異について考察してみたい。

一九八八年に劇団状況劇場を解散した唐十郎はすぐさま唐組を結成し、創作活動を継続した。彼にとっての活動は途切れることはなかったが、実質はずいぶん違うものになった。若い俳優を一から鍛えていかねばならなかったからである。目の前にいる役者に「当て書き」することをモットーとした唐にとって、若者たちは物足りなく映ったかもしれない。一騎当千の強者たちが集った六〇~七〇年代の状況劇場の面々に比べれば、比較すること自体が無理難題というものだ。だが唐はあえて無名の若者たちと運命を共にすることを選んだ。唐は「無名の顔が、もう一回ほしくなった。(略) べつの顔つきをもった若者」(同書、二七四頁) に出会いたいというのだ。なぜか。新井著はそのことの意味を実によく解きほぐしている。わたしは以下の三点にとくに注目したい。

新井は唐作品に頻出する「うた」に着目する。劇中歌をほとんど諳んじられるほど愛唱しているという新井の類まれな音楽センスはさておき、せりふの流れのなかで、「うた」に唐作品の精髄を見抜いているのだ。

「からだによる記憶のはたらきの深奥にうたがあると捉え、『うたは存在のひみつ』」（同書、二六九頁）と言うのである。それは「詩」に近いだろう。掛け合いや丁々発止とした対話の中から不意に湧き上がる詩情。それは詩人だからこそ聞き取れた声の肉体性だ。

唐の二〇〇〇年代の戯曲群の設定が、概ね室内であることに着目する。これが第二点だ。新井はそこに「路地」の変形を見出す。唐は時代の風が吹き荒れる路上を舞台にしたかつての作品とは異なり、路上から「引きこもった」室内、とりわけ廃工場や、うらぶれた商店を舞台にすることが多くなったという。高度資本主義が活発化していた時代には、路上こそが主戦場だった。だが「失われた一〇年」を迎えた二〇〇〇年代には、舞台はひっそりとした裏町に移行したのである。

「市井の経済原理から同じくこぼれたテント役者たちに職人や工人を当て書きすることで、唐組の鉱脈を掘り当てたと言っていい」（同書、二七六頁）

こうした生産現場でこそ、モノとエロス的な関係を結んだ者たちが、ひそやかに躍動する。人形遣いの腹話術師など無名の肉体に当てて唐が造形しようとしているのは、むろん「バリっとした」特権的肉体ではない。むしろ、この時代で引きこもり、打って出ることができず、行き場を失った者たちなのである。

二〇〇〇年代の登場人物に特徴的なのは、事を荒らげる闘争も、押し寄せる権力に立ち向かう革命精神も似つかわしくない。わたしは以前、「心優しい反逆者」たちを唐は描いているのではないかと記したことがある。稲荷卓央、久保井研、藤井由紀ら二〇〇〇年代の唐組の俳優たちに共通するのは、そうした「心優しさ」である。新井もまた「状況劇場時代の野放途（ママ）の肉体からは遠い」（同書、二八〇頁）と記している。

その結果、「路上から屋内へ、そして身体へと、唐は『路地』を圧縮し、微視化したと言えるだろう」（同書、二八〇頁）。新井はそれを「頑丈な書きことばでなく、風のように去る耳ことばのほうが似合う人間像を一貫して描いている」（同書、二九五頁）と総括した。

「アングラ」のイメージはスペクタクル性に満ちたテント芝居にあったのだが、民衆の心細い声や内心の声＝弱音にこそ耳を傾けるように展開していったのが、唐組以降、なかんずく二〇〇〇年代以降の唐十郎なのである。わたしはそこに唐が時代を微視的に読み替えていった視点を見るのだ。

（3）二〇〇〇年代の偏差

改めて二〇〇〇年代とは何だったのだろう。唐のよき伴走者だった扇田昭彦ですら、「スケールダウンした」と称した唐組以降の唐世界だが、その裏側には、唐自身の時代を見る眼があったのだ。同様に、小集団からユニットに転じた川村毅にも、演劇への思考の純化があったのだろう。芸術家は過去の作品に縛られない。進化する。そのことを伴走者はどれほど気づいているだろうか。停滞やスケールダウンという言葉で安易に切り捨ててはいないか。その「進化」を見出すには、伴走者も我慢の日々を過ごさねばならない。作家が暗いトンネルでもがき、苦闘するさまを辛抱強く観続けていかねばならない。だから、そのトンネルを抜けた時、真っ先に気づくのも伴走者だ。もう少し時間を置けば、歴史的な意味がわかってくる。

批評家の運動とは、そこに真髄がある。

（『テアトロ』二〇二二年二月号）

20　最初のアングラ――発見の会

(1) 硬派なる知性

八年間活動を停止していた「発見の会」が『大正てんやわんや』で再始動した。劇作は上杉清文、演出は有馬則純。上杉の手練れの台本に俳優たちの自在な演技が、遊び心を存分に楽しませてくれた。

「大正ベルエポック」と呼ばれる時代は、これまでも多くの名作が対象にしてきた。激動の大正時代に青春を送った若者たちの群像劇『美しきものの伝説』(作＝宮本研)は、六月に新劇プロジェクトとして七劇団による合同公演があったばかりだ(演出＝鵜山仁)。一九六八年に発表された同作は、政治や芸術に懸ける若者たちの情熱を、当時の世界的な動向と重ねた芝居だった。だがロシア・ウクライナ戦争が起こった今、同じ「大正」を扱ったとしても、表現は微妙に異なってくる。議論の絶えない青春を描いた宮本の作品に比べて、『大正てんやわんや』は屈託のない明るさの中に昏さが入り交じり、先の見えない展望のなさを感じさせた。

大杉栄や伊藤野枝、辻潤らの他愛のない会話、小林秀雄、富永太郎、宇野浩二らの奔放な文学談義、浅草を舞台にした若き才能たちがありあまるエネルギーをぶつける青春群像は、いかにも「ベルエポック」にふさわしい。だが今作で、語り部に岩田豊雄を起用しているところが曲者だ。獅子文六の別名を持つ岩田は、『てんやわんや』の作者であり、世間を斜めから皮肉に見る独特の視点を与える。唐十郎や寺山修司まで呼び出される賑やかさは発見の会ならではのものであり、「芝居なンざア、まともな者がやるものじゃない」といった戯言に、思わずにんまりとさせられる。また、ブロークの『見世物小屋』にはじまる劇中劇には、メイエルホリドの後裔を見る思いだ。

『大正てんやわんや』の根底には、ロシア・アヴァンギャルドへのオマージュがある。そこには、ロシア=ソビエト文化芸術へのリスペクトが込められている。現在のロシア政府を憎んでも、偉大な芸術大国を恨んではいけないという戒めにも見えてくる。新劇の定番だったゴーリキーの『どん底』が浅草文士劇の一貫として劇中劇で演じられるのは、「丸の内の新劇=築地小劇場」に対する当てこすりか。重訳を使用した小山内薫に対して、浅草の観音劇場で上演される『どん底』はロシア語からの翻訳を使用している。つまり築地小劇場のまがいもののエリート主義に対して、ホンモノ志向で意地を見せ、対抗意識が見てとれるのだ。大杉栄の無政府主義や辻潤のダダ志向、宇野浩二らの文学論はまぎれもなく硬派に裏打ちされた知性のたまものである。そこに発見の会の真骨頂がある。

ただし、飯田孝男《はんだ》演じる宇野浩二のように、台詞をろくすっぽ覚えず、台本も楽屋に忘れたととぼけまくり、舞台横から台本が投げつけられるといった馬鹿馬鹿しさ、度を過ぎるギャグは客席に爆笑の渦を巻き起こす。これこそ発見の会に連綿と流れる批評意識だろう。あくまで冗談と見まごうばかりの諧謔精神と徹底した非エリート主義。そこには大正－昭和の築地小劇場を軸とする演劇史への見直しが企まれている。新劇プロジェクトの生真面目な『美しきものの伝説』と『大正てんやわんや』はきわめて対称的だ。その差異から、演劇史をどう捉えるかにまで広げて考えてみることができる。

(2) 瓜生良介とは何者だったか

ここで「発見の会」の略歴をたどってみよう。発見の会は、瓜生良介や牧口元美、月まち子ら舞台芸術学院出身者を中心に、一九六四年に結成された。瓜生は一九三五年、福岡県若松市に生まれ、(兄に青年劇場の瓜生正美がいる) 上京後、舞台芸術学院に一九五六年に入学した。この演劇学校は、築地小劇場の創設者である土方与志が秋田雨雀とともに建学したもので、土方は瓜生の終生の師匠となった。

前衛的な舞台活動を展開した土方は、戦後になって思うような前衛的な活動はできなかった。

ただ彼が創設した「舞台芸術学院」では、彼の理念は伝授されたのであろう。

戦後の土方与志は、一九五六年に舞芸座を創設した。舞台芸術学院を卒業した瓜生良介も五八年に入団したが、すぐに土方は死去（一九五九年）、その後、舞芸座は二つの方向に分裂した。一つは、リアリズムを継承し、「日本共産党」の傘下で活動する者たち、もう一方は、「新劇」そのものの枠組みを壊し、もっと自由な方向に飛び出そうとする者たちである。瓜生は後者の急先鋒であった。兄・正美はリアリズムに傾倒して、青年劇場を創設し、対して弟の良介はその対極に向かったのだ。

土方の活動が停滞するようになって以後、前衛劇の系譜は途切れていった。一九三〇～四〇年代の主流は、あくまでリアリズム演劇であり、その根底にあるのは、なによりもロシア＝ソビエト発の「社会主義リアリズム」だった。それもスタニスラフスキーが軸になったもので、同じモスクワ芸術座のメイエルホリドは粛清され、ロシア＝ソビエトにおいても、前衛劇の系譜は跡絶えたのだ。モスクワ芸術座の二つの方向が、瓜生兄弟にも投影されたのは興味深い。

舞芸座の末期、瓜生は土方の前衛精神を引き継ぎ、花田清輝を相談役に据え、廣末保や武井昭《てる》夫《お》らをブレーンに迎えた。花田は『復興期の精神』や『アヴァンギャルド芸術』で理論的、精神的支柱となり、視聴覚文化の優位性を主張した。国文学の廣末の『悪七兵衛景清』は武智鉄二によって演出された。武井は政治思想の運動家で先鋭的な論客、ブレヒトについての造詣も深かった。内田栄一の存在も見逃せない。安部公房の紹介で劇団に近づいた内田に瓜生は惚れ込んだが、次第に齟齬が生じていった。

瓜生はこの頃、文学者の集団と演劇集団の合体を夢見たが、結局うまく行かなかった。その理由は、彼らが「文学者」としての立場に固執し、自分の作品に他者が関わることで集団のイメージに昇華されることを受け容れなかったからである。文学者の「頭」と演劇集団の「体」があらかじめ分離していて、結局、作家と俳優集団の共同作業《コラボレーション》は画に描いた餅だったのだ。花田らの前衛芸術構想は、無残に散っていったのである。こうした負の経験が、後の発見の会結成への布石となる。そして個を解体し、集団に結集していく六〇年代演劇の精神に至るのだ。

ともあれ、発見の会はこの消えかけた前衛の系譜を再び一本の線で結び合わせたのである。

(3)「下降志向」と自在さ

発見の会の旗揚げ公演は、一九六四年、廣末保の『新版四谷怪談』だった。だがここでも、文学者との共同制作は失敗している。まだ新劇という近代演劇の創作現場からの離脱が整理されていなかったからだろう。その課題に気づいたのか、翌一九六五年にははやくも「第二次」発見の会が結成されている。

発見の会の方向が見えはじめてきたのは、一九六六年の武内健作『ワクワク学説』、内田栄一作『ゴキブリの作りかた』、今野勉作『一宿一飯』あたりからだろう。武内は『ユビュ王』(A・

ジャリ作）の翻訳家で、岩田宏らを含めた外国文学研究者を通して、アラバールの『ファンドとリス』、イヨネスコやエドワード・オールビーなど不条理劇も視野に入ってきたのだ。世界の動向に目を向けることで、自前の前衛から飛躍することができたのである。先述した「硬派に裏打ちされた知性」の源泉はここにあった。

こうして独自の小劇場運動が、徐々に姿を現わしていく。それについて瓜生は、「いわゆる築地小劇場の流れを汲む『新劇』ということではなく、新劇という枠をどうやって壊すかということがずっとあった」（拙著『［証言］日本のアングラ』作品社、二〇一五年、八九頁）と述べている。これがやがて米国に勃興したハプニングやアンダーグラウンド・シネマにも同質なものを見出す。これがアングラ演劇の初発である。同じ小劇場でも、新劇内小劇場とははっきり一線を画していることは明白だ。（前項で述べた）一九二〇年代の築地小劇場とは異なる系譜から発した真性の「小劇場運動」は、プロレタリア演劇を経て、発見の会に端を発するアングラ・小劇場運動にまっすぐつながってくるのである。

瓜生は発見の会の活動の傍ら、一九七二年から鍼灸の学校に通いはじめ、身体についての本格的な勉強を始めた。からだを根底から問い直し、科学的に解明したいという発想があったのだろう。後の「身体論」ブームの先駆けといっても過言ではない。

そこで彼が考えたのは、「演劇」の概念の拡張である。従来の演劇は作品を中心に据え、舞台上演を通して芸術的成果を問うものだった。成功か失敗かは舞台評価で判断される。だが、必ずしも成功したわけではないが、試みとして優れたものも演劇的価値として認めていいのではないか。むしろ「失敗」にこそ、演劇の可能性、実験の有効性があるのではないか。そう考えると、演劇を捉えるフィールドはぐんと広がる。瓜生が開始した六〇年代演劇を突き詰めると、彼の中にこうした思想があったに違いない。そこには当然、身体による思考、果てはいかに生きるか、人権の思想までカバーできるだろう。

演劇を現場主義だけに限定しなければ、もっと自在な表現の実践まで広がっていく。それをわたしは、「小文字の演劇」と考えた。体のメカニズムを学んだ瓜生は、六〇年代のアングラの手法に違和感をおぼえた。からだに抑圧をかけることで身体の中に負のエネルギーをため込み、その極限での「噴出」に演技の実現をめざす、ある種の演技論。「集中」や「強度」といった言葉で語られる演劇論は、舞台の様式化に向かい、芸術的完成度をめざしていく。これに対して瓜生はあえて上手な芝居を解体し、「下降志向」をめざした。「世界基準」という普遍的価値観に演劇の本来の「面白さ」はないと考え、こう述べている。

「芝居の面白さとは、五人なり一〇人なりで共通のイメージが持てるような、自在な組織で練り上げた芝居っていうのがいつもありますよ。」（前出、一〇三頁）

瓜生良介が向かった演劇は紆余曲折の歴史を刻み、失敗の連続でもあった。瓜生の著書『小劇場運動全史——記録・発見の会』（造形社、一九八三年）によれば、劇団員の大量脱退、再結成、再び劇団解体の危機、などの記述がいたるところに並んでいる。サクセスストーリーを綴りがちなあまたの劇団史からすると、あまりに苦すぎる記録だ。瓜生は同志たちの「死屍累々」とさえ言っている。だがその記述に不思議に力づけられるのは、実験や前衛の営みとは、失敗を前提にした運動であるとする彼の潔さと、離合集散など恐れていては、実験など望めないという覚悟があるからだ。

瓜生良介が亡くなってから一〇年、その結集点が『大正てんやわんや』から見えてくるのである。

(『テアトロ』二〇二二年九月号)

21　太田省吾と（の）革命

（1）批評と対話

拙著『ゆっくりの美学　太田省吾の劇宇宙』（作品社、二〇二一年）が第二七回国際演劇評論家協会賞（ＡＩＣＴ演劇評論賞）を受賞し、七月二四日に座・高円寺のセミナールームで記念シンポジウムが行なわれた。感染拡大が急増加したこともあり、開催が危ぶまれたが、定員を三〇名に絞り、無事開催に漕ぎつけてくれた関係者には感謝したい。

今回のシンポジウムのテーマは「太田省吾を未来形で受け継ぐ」で、ハイナー・ミュラーがもう一人のキーパーソンだった。二二年前にわたしは第五回の同賞を『ハイナー・ミュラーと世界演劇』（論創社、一九九九年）で受賞した。わたしにとってこの二人は、自身の演劇論形成の骨子になる芸術家だったと改めて実感する思いだ。そこで両者をよく知る二人の演出家をパネリストとして招いた。錬肉工房の岡本章氏とエイチエムピー・シアターカンパニー（大阪）の笠井友仁氏である。両者とも二〇〇〇年代初頭のミュラー・フェスティバルに参加した経験を持ち、これまでも演劇論を語り合う同志と言える。

ところで、このシンポジウムを企画するにあたり、残念なことがあった。今回は『演劇で〈世界〉を変える――鈴木忠志論』（航思社、二〇二一年）で同時受賞者になった菅孝行氏が同賞を辞退したことである。鈴木忠志と太田省吾という、六〇年代以降の演劇を代表する実践家についての二冊が並んだので、二人を巡る批評の対談が実現するかと楽しみにしたからだ。わたしにとって菅氏は批評家を志すさいの先覚者であり、これまでも同氏から多くを学ばせていただいた恩もあるので、胸を借りる絶好な機会と考えた。が、菅氏は同時受賞が腑に落ちないという理由で辞退され、この対談は幻に終わった。

菅氏の鈴木論はこれまでの鈴木の仕事をたどり直し、鈴木がいかに〝世界的〟に活躍されてきたかの業績を跡付ける作家論だ。先年刊行された渡辺保の美学的批評（『演出家鈴木忠志』）とは違った角度から論じるという意味で、美学的・歴史的な側面から鈴木の仕事に焦点が当てられた。

それに対して、わたしの太田論は、まったく違う方法をとっている。本書の特徴は対談が五つ収録されているように、太田省吾との「対話性」という性格を濃厚に帯びていることだ。これは対談やインタビューの数が多いという事実にとどまらず、本質的な意味での「対話」がこの本を成立させているのである。

この対談の中で、わたしの方が太田よりも多く喋っていることを選評で河合祥一郎氏が指摘しているが、それはむしろ太田の仕掛けであって、質問者に「喋らせる」ことが彼の意図なのである。太田は対話の中で、しばしば言い淀み、「空白」が生まれる。相手は無意識にその空白を埋めようと考え、言葉を紡ぎ出そうとする。すると、太田はそれをさらに展開させ、より深化させた思考を語る。こうした弁証法的な対話が成立するのは、対談手を同等にみなす氏の姿勢があるからだ。通常、表現者と批評家やジャーナリストが対話する時、表現者を上位とすることが多い。だが太田は、そうしなかった。その対等で民主的な立場が、相手から言葉を引き出すことにつながったのである。こうした方法は対話者に自らの本質に向き合わせる。わたしはこの対話法によって、自らの思考を探り、結果としてわたし自身の演劇論形成につなげられたのである。それは対話する両者の合作でもあった。

(2) 太田省吾の演劇的思考

この共同性は、太田の演劇とも照応している。太田作品の特徴は、強い自己主張にはなく、むしろ観客の参入を待ち、それを取り込んで成立させるところにある。その結果、太田作品は観る者の心を映し出してしまうのである。

舞台は表現者が先手を打って問題を投じるが、必ずしも正解を持っているわけではない。表現者は問題提起することが重要だと考えている。その姿勢は、きわめて現代的であり、間テクスト的である。だが太田はそこで留まらない。

作品は単独で成立しているわけではない。他者との関係性の中にある。太田はつねに批評や反応を待っている。それは、近代批評の先を行こうとしているからだ。観客や批評家は、それに応じることが期待されている。この関係こそがきわめて「対話的」なのであり、それが太田演劇の本質的な思想である。

太田省吾はまた、舞台と批評をセットに考えていた。彼は数多くのエッセイを残した。エッセイとは文字通り「試み」であり、自作の舞台について言葉でもう一回考察する「試論」に他ならない。舞台を発表するだけで一切語らない芸術家もいる中で、太田は例外的に自作や演劇観について多くを語った。作品は舞台だけで完結せず、そこから零れ落ちてくるものに絶えず気を配っていた。舞台は観客が立ち会うことで成立するように、舞台も他者の言葉、批評が介在することで完成する。この原則がある限り、舞台は無限に完成が引き延ばされ、改作に改作を重ねて、更新しつづける。太田作品がいくつかの作品を核に、多くのヴァリエーションを持つのは、氏のこうした作品に対する姿勢に基づく。『水の駅』は三つのヴァージョンがあり、『↑（やじるし）』も何度か改作された。

これは別の面で太田の前衛的態度に裏打ちされている。転形劇場での二〇年間の軌跡は、困難な作業の連続であり、集団での長い時間をかけて熟成されたものだった。集団の中でこそ、身体のあり方が確立され、演劇論が俳優とともに創造されていった。これは六〇年代に開始された

「アングラ・小劇場運動」特有の思想である。集団による「演劇的文体」をつくり出そうとすれば、こうした作業は避けられない。言葉以前の身体性の獲得、演技論を核とした上演の思想。これこそが「演劇革命」の内実なのだ。

残された上演台本をなぞることが、太田劇の上演と必ずしもつながらないのは、このプロセスを踏まえることが必須だからである。太田は『砂の駅』で外国人と共同作品を創るにあたり、「前に出て演じる」のではなく、「後ろに引く」演技を体得させるのに、数年かかったと言っている。まさに「受動の力」という太田劇のエッセンスである。太田劇の継承の困難さは、この演技・演劇論の獲得にある。そこで、その根底にあるのが「ゆっくり」の思想だと、わたしは考える。

(3) 太田省吾の革命

「ゆっくり」の思想は、一種の「革命」である。

わたしは太田省吾の「緩慢さ」から資本主義的な価値観の対極にあるものを感じた。効率主義や合理的思考は、つねに無駄の排除とそれにともなう時間的短縮、スピードアップと結びつく。それは「前進運動」を是とする資本主義的価値観を前提としている。

成果主義は人間の思考時間を奪い、必要最小限の時間で目的を達成する機械化人間を製造する。

一方太田の「沈黙」は動きを極度に遅くした果ての結果であって、合理性追求や速度の志向の対極にある。それは速度礼賛の一九八〇年代にあって、きわめて反時代的なものだった。

太田同様、前進運動にブレーキをかけたのが、ドイツの劇作家ハイナー・ミュラーである。彼は当時のＤＤＲ（東ドイツ）を資本主義に対抗するオルタナティヴの実験国家と見なしていた。西ドイツが資本主義のショーウインドーだったのに対して、「人間の顔をした社会主義」を志向していたのがＤＤＲであるというのがミュラーの持論だ。「人間の顔をした社会主義」とは、身の丈に合った生活を楽しみながら、共同的な助け合いで営まれる小さな国家という意味である。例えば、壁崩壊前後の東ベルリンでこんな光景をよく目にした。「トラバント」という車種は「紙でできた」と言われるほど脆く、しょっちゅう街中で故障して立往生していた。それを市民たちは平然と押して動かしていた。これが「人間の顔をした社会主義」の象徴だ。今で言うと、「社会福祉国家」に近いかもしれない。

ミュラーは資本主義の「快適」さの対極にあるつましい生活をこよなく愛し、雨漏りする自宅のアパートで過ごすことを好んだ。あらゆる不便さを排除し、快適さを追求する価値観に息苦しさを感じる者は、どこかでその圏域から脱出しようと試みる。ミュラーは快適さの進化を「減速化」させる中に人間らしさを発見した。同様に、太田は物質的な過剰さを取り去ることで、人間の本質を見極めようとした。そこで行き着いたのが「裸形」である。

「なにもかもなくして」みた時、何が残るのか。そこに太田劇の思想が集約される。他方、ミュラーがたどり着いたのは、テクストを徹底的に解体し、断片にまで砕かれた言葉の集積であり、それがマシーンだった。

問題は、対抗的手段を構想すると、敵対する相手と同じ土俵に上がりかねないことである。彼らがめざしたのは、「快適な資本主義」を覆すことではなく、支配的な価値観をずらしたり、脱臼させ、引き算をすることである。別の言い方をすれば、それは「勝たない」という姿勢である。そして「負けない」を継続することである。その戦略は過去の経験から学び取ったものである。

一九六〇年代の学生運動に象徴されるのは、肉体による暴力革命だった。だがその「行き過ぎた」暴力は、結局大多数の市民の理解を得られず、頓挫した。一九六八年をピークとするデモやストライキは、またたく間に失速した。暴力による社会転覆は、権力の交代でしかなく、権力についた瞬間、革命側は腐敗していく。相手を打倒し「勝つ」ことは一瞬でしかない。本質的な転覆、もしくは転換でなければ、権力構造は容易に反転してしまうのである。

この経験を経て、七〇年代以降、エコロジーやフェミニズム、男女差《ジェンダー》、マイノリティへと視線の力点は移動していった。カルチュラル・スタディーズや、ポストコロニアル思考がはじまるのは、こうした文脈においてである。

「ゆっくり」歩くことによって、見え方は確実に変わる。夾雑物を取り去ったなにもない「裸形」は新しい見方を生み出す。見方が変われば、思考も変わる。それが太田省吾の演劇だった。

現在を構成する支配的価値観をいかに鈍麻させ、そこから抜け出すか。社会的生きものから生命体としての人体を取り出すこと、太田省吾が考え抜いた末にたどり着いたのが、こうした身体の思考だった。数千年の人間の歴史に比べれば、近代社会、ましてや資本主義社会など、たかが知れているのである。

「ゆっくり」の思想には、演劇の方法であるとともに、人間社会が生きていく、そうした叡智がこめられているのである。

（『テアトロ』二〇二二年一〇月号）

22 劇団チョコレートケーキ、戦争六篇連続上演の〈志〉

（1）『戦争六篇』の連続上演

東京芸術劇場のシアターイースト、ウエストに通い詰めた八月後半の三週間。六本目の新作『ガマ』を見終えて、わたしはなにか大きな体験を潜り抜けた思いにかられた。総タイトル『生き残った子孫たちへ　戦争六篇』は、一本一本の舞台は個別であるにもかかわらず、それが六本積み上がってみると、ずしりとした重量感が手元に残ったのだ。

例えば、『帰還不能点』では過去の事実をあいまいにやり過ごそうとする同僚たちに対して、決死の覚悟で声を挙げた岡田（岡本篤）の「決意性」。『追憶のアリラン』で日本人に真摯に対応する朝鮮人・朴忠男を演じた浅井伸治の身を賭した「誠実さ」、真相を突き止めるために、戦犯の松井石根をどこまでも追い詰め、彼の中にある良心と欺瞞を暴き出した『無畏』の弁護士・上室の西尾友樹の「理知さ」。

唯一の新作である『ガマ』では、戦争末期の沖縄で、真っ暗な洞窟の中で繰り広げられる生と死の攻防。そこで子どもたちを自分の誤った指示で死に追いやってしまった中学教師・山城を演じた西尾の、悔悟の思いを取り戻そうとする姿には、今の現実に響くものを感じた。沖縄人や日本人といった国や地域を超えて、今この地球で生きている人間たちの苦悩と使命が届けられたと思われた。

登場人物の造形は劇作家により彫琢され、演出家の指示にゆだねられるのが通例だ。これまで劇団チョコレートケーキの舞台は、劇作家の古川健の歴史観に裏打ちされた精巧な戯曲と、説得力ある人物配置で劇を詰めていく日澤雄介の演出が評価されてきた。だが今回、それにもまして俳優たちの演じる姿が心に残った。三週間に及ぶ連続公演を通じて、劇集団が放つ「志」のようなものを感じたからである。

かつて「俳優の突出」と言われた時代があった。劇作家や演出家の手の内に収まり切らない俳優が舞台に出現し、代えがたい存在として記憶に残るケースだ。だが今回の岡本、浅井、西尾は少し違っていた。（若手が演じた二本を除く）四本の連続上演に出演した三人の劇団員たちは、当然、企画段階から参加し、その無謀さを承知の上で連続上演に踏み切った。いずれも劇団の看板を背負う俳優たちだが、その「志」が生きた身体の思想として、舞台上に立ち顕われたのだ。これは劇作、演出含めた〈集団〉だからこそなしえた達成だろう。

昨今のプロデュース公演は、制作者側の企画が先行し、その企画《オファー》を受けて作品づくりする創り手との間で齟齬が生じ、何がしたいのかわからないような舞台が多くなった。売れっ子の演出家は脈絡なく公演（企画）を引き受け、次々量産していく。劇場主導になった結果、創り手の意図はあいまいになった。これこそ資本主義的生産構造の環の中に巻き込まれ、消費されていく構図だ。

それに対して、今回のチョコレートケーキの「戦争六篇」連続上演は、確たる意志を持ち、伝えるべきメッセージが強く打ち出されていた。観客もそれを真摯に受け止め、それ故客席の中に異様な緊迫感が生まれた。「見ることが支援」であることを観客も知っていたのである。演劇が集団の運動であるとは、こうしたことを言うのであろう。

（２）生き残るために

「生き残った子孫たちへ」託す劇団のメッセージは明解だった。

上述した登場人物が浮かび上がったのは何故か。例えば『ガマ』に登場する女子学生、安里文《あさとふみ》（清水緑）は徹底的に「皇民化教育」を受ける。戦争のため、日本のため、天皇のために「死ぬ」ことを良いことだと教えこまれた彼女は、「生きる」ことより「死ぬ」ことを選ぶ。あまつさえ、「生きると思って、いいんでしょうか」といった悲痛な言葉を語るのである。この言葉の錯誤は、過去の事実を知るわたしたちはよく理解できる。「天皇陛下、万歳！」と叫んで死んでいった兵隊の死が美談でないことは、今のわたしたちなら誰もが知る事実である。だが戦争のさ中にあった者たち——一般市民——にとっては、果たしてそれは自明だったのだろうか。

この齟齬は、現在の重要なエクササイズになるだろう。例えば、安倍晋三元首相の非業の死をきっかけに、「国葬」によって顕彰しようと岸田現首相は言明した。この判断は果たして妥当なのか。かつての「天皇陛下、万歳！」に匹敵する愚行ではないか。

死をもって愛国精神を貫こうとする者たちがいる一方で、米国への投降を選択することで、「生きる」道を見出す者もいた。その行為は当時においては国家に対する裏切りと非難された。今その正否は明らかだろう。

『追憶のアリラン』で、日本人の豊川検事（佐藤誓）は韓国人の朴忠男に、自分の妻子を日本へ帰国させてもらった。そして彼自身はソ連の駐留による政治的駆け引きで生き延びた。「生き残る」ことは戦後、証言する機会を得ることである。

『帰還不能点』で山崎道子（黒沢あすか）は、先夫を失い自死寸前で山崎（岡本篤が二役で演じる）に救われ、生きる意志を取り戻す。彼女は官僚のエリートたちとは違って、市井の人である。その彼女に真相を伝えるため、劇中劇で過去を振り返る。なぜ戦争を止められなかったか。それは誰も責任をもって行動しなかったからだ。同じ過ちを二度と繰り返してはならない。どうしても引けない一線を守るため、岡田（岡本）は声を上げる。それが結果として皆が過去を見直そうとする行為につながった。

劇中劇で、過去の行動を演じてみると、どこが分岐点かが見えてくる。責任を自覚し、その判断の至らなさを引き受ける決意をした時、彼らは不思議な充実感と生きる喜びを感じる。過去の自分と向き合うことは誰しも辛い。だが、人間にとって未来を生きる希望はそこにしかない。『無畏』の松井石根（林竜三）もまた、弁護士や神父に出会うことで自己と向き合い、自己欺瞞から脱した。処刑台に向かう彼の心境は限りなく澄んでいたに違いない。

死の淵から引き戻させたのは、前述の三人だ。『帰還……』の岡本、『追憶……』の浅井、『無畏』の西尾、彼らに共通するのは、他人に寄り添い、「生きよ」と強烈に呼びかけることだった。これは、劇団員が演じるからこそ響く〈声〉であり、ドラマの中に仕組まれていたメッセージを劇団員たちは見事に観客に届けた。

コロナ禍以降、自殺を急ぐ若者が急増した。若者ばかりではない。「生き辛さ」が時代のキーワードになっていて、現代人はすべからく自殺未遂者だと言ってもいいほどだ。だからこそ、その傍にいて、生きる望みを示唆する人たちが必要なのだ。チョコレートケーキの演劇の効用とは、そのことをおいてない。

（３）戦争を問うとは

今回、チョコレートケーキが提起した問題は重い。

日本の戦争について、古川健が初めて手がけたのは二〇一四年、『〇〇六〇猶二人生存ス』からである。人間魚雷・回天の乗組員たちは、生と死の哲学問答を繰り返しながら、死へ向かう。『その頰、熱線に焼かれ』（二〇一五年）は、原爆で被災した女性たちが自死を考えるとき、寄り添う者たちに救われる物語だ。

以後、古川は毎年のように戦争についての作品を発表し続けてきた。過去の歴史を描けば、否応なく日本の負の歴史に直面せざるをえない。それは先人を批判することに主眼があるわけではなく、客観的に歴史を知るためだ。

戦争はなぜ起こったのか。その要因は構造的なものであり、特定の個人に帰することはできない。太平洋戦争開戦にあたって、総力戦研究所の所員たちは、綿密なシミュレーションの結果、「必敗」の結論を出した。にもかかわらず、無謀な戦争に突入した。陸軍、海軍の綱引き、政治家の思惑等々、情勢分析のデータがあるにもかかわらず、誰も「止める」ことをしなかったからだ。まさに「無責任の体系」が招いた戦争だった。戦後、丸山眞男によって指摘されたこの言葉は、今なお日本人に巣食う宿痾でもあろう。

現在、政府の民主主義を踏みにじる暴挙が進む中、日本人は、「見て見ぬフリ」を克服できただろうか。『帰還不能点』の戦争模擬劇を見ながら、観客は現在の情勢を重ねて見ていたのではないか。今回の企画がわたしに響いたのは、ここ一〇年ほどの政府の「誠実さ」「決意性」「理知」に欠けた国会答弁のあまりの酷さに要因がある。第二次安倍政権以降の言葉の劣化は目にあまるものがある。それへの批判にも聞こえてくるのだ。

今回の六作に通奏低音のように聞こえてくるのは、戦争における日本の加害者性の問題である。これまでの日本の演劇では、被害者の側から戦争を描くことが多かった。戦争末期の広島・長崎に投下された原爆被害によって、終戦＝敗戦を迎えた精神的外傷があるからだ。日本人のメンタリティは、被害者意識が加害者意識を上回っている。が、そのことに日本人は気づきにくい（また被害者の立場に安住していれば、戦争の本質に向き合わなくて済まされる）。だがアジアの人と少しでも付き合ってみれば、これが大きな間違いであることはすぐにわかる。他者の視点から我が身を振り返ることがいかに必要か。六作を通じて、そのことが痛いほど伝わってきた。

戦争はいつでも美名の下に始まる。アジアを欧米の帝国主義から解放するという名目のもとに遂行された戦争の中で、善意の人がいつしか悪魔の手先になって、人々を不幸に陥れ、戦争仕掛け人になっていく。戦争は軍部の上層部や政府の高官だけが遂行しているわけではない。庶民の中にも戦争に突き進む要因が胚胎しているのだ。

日本人の中にある戦争加担のありさまは、演劇であるからこそ描けることもある。『ガマ』で鮮烈なのは、皇国教育に洗脳された庶民が、戦争に加担するプロセスである。例えば、政府に体よく切り捨てられた沖縄。だからこそ沖縄人は日本人以上に、国家への忠誠を迫られるのである。沖縄が置かれた微妙な位置も、ドラマは内側から明確に暴き出す。

劇という虚構の中で語られる過去の出来事は、現在形で語り直すことで、はじめて真実を明るみに出すことができる。

ウクライナ侵攻が始まり、世界が戦争に巻き込まれる中、日本国内では安倍元首相の暗殺を機に国際反共組織の（旧）統一教会と政府自民党の癒着が露呈した。こうした時に、「戦争六篇」は上演された。まさに時宜を得た企画に、わたしは賛意を惜しまないし、進んでその運動に参加したいと思った。

（『テアトロ』二〇二二年一一月号）

23　七人のドラマティストたち

(1)　一〇年代に登場した劇作家たち

ここ数年、わたしは何人かの劇作家たちとの対話を本誌『テアトロ』に掲載してきた。二〇一九年のシライケイタ氏にはじまり、古川健、瀬戸山美咲、長田育恵、中津留章仁（他に詩森ろば）の各氏である。これはいずれも明治学院大学で公開授業として開催され、すべて学生の協力を得て、掲載に至った。この五人に加えて、横山拓也氏が一二月に登壇した。他の場所で行なった野木萌葱氏とのトークを合わせて、七人との対話集を二〇二三年三月に作品社から刊行する二〇二三年三月刊行の『新時代を生きる劇作家たち――2010年代以降の新旗手』。ゲストに迎えた劇作家たちは二〇歳前後の若者の前で自らの演劇人生について真摯に語ってくれた。その熱意は学生の胸に届き、どれもが彼ら彼女らの貴重な体験になったはずだ。

この対話シリーズの構想は、すでに六年前からあったもので、対話する劇作家たちも、その時点でほぼ決めていた。いずれも一九七〇年代に生まれ、二〇一〇年代に評価が出てきた者たちで、小劇場を出自とする今まさに旬の劇作家たちである。彼らは緻密な構想のもとに戯曲を執筆し、戯曲の自立性もきわめて高く、文学性にも通じている。これらの戯曲は必ずしも新しい形式を備えたものではなく、正統的で本格派という構えが一つの特徴として挙げられる。新劇団でもよく上演されるので、リアリズム偏重の作風とみられがちだが、実はそうではない。実に多彩な作風と戯曲に対する独自の視点を持ち、新劇団は彼らの作品を上演することで、清新な生命力を得ていることが特徴だ。とくに新劇団の中でも、三〇代〜四〇代の比較的若い演出家が彼らとの共同作業を通して、むしろ新劇が「小劇場化」していると考えるのが妥当だろう。

これだけの多くの劇作家たちが一斉に登場することには、何らかの時代的必然性があったのではないかとわたしは考えている。世代的には「ロスト・ジェネレーション」に相当し、「失われた一〇年」と称された一九九〇年代から二〇〇〇年代前半に活動を開始した。彼らにとって、当時は明るい未来や希望が見えていたわけではない。逆に下降するニッポンを見据えながら活動を開始したと言ってもいいくらいだ。

その後、「失われた一〇年」は悪無限的に延長し、現在では「失われた三〇年」にまで拡大された。こうした低成長期にこそ彼らの創作の基盤があり、現実にしっかり根ざした批判意識を持って、劇作を続けてきたのだ。その意味では、二〇一〇年代以降の日本社会を的確に映し出しているとも考えられる。

(2) ゼロ年代の隆盛

少し別の角度から彼らの活動を見てみよう。

そこで思い出されるのは、二〇一〇年に行なった佐々木敦との対談である(「シアターアーツ」四三号)。「ニッポンの演劇」と題した対話は、ゼロ年代と呼ばれる二〇〇〇年代の総括として行なわれた。この時期、いわゆる「青年団リンク」が隆盛を極め、これらの演劇を精力的に紹介していた佐々木とその動静について議論したものだった。文芸評論家として知られる佐々木は、二〇〇〇年代半ば頃、以前からあった演劇熱が、チェルフィッチュの『三月の5日間』(二〇〇四年)を観たことで再燃し、自らが編集していた雑誌「エクス・ポ」で小劇場を紹介することに力を傾けた。この特集は、結果として、この時代の貴重な記録となった。

その編集方針には明確な一つの基軸があった。彼は若手の舞台を観進めていくうちに、一人の劇作家・演出家に行き着いた。それが平田オリザだった。平田が一九九〇年代半ばに提唱した「現代口語演劇」は、以後、彼が運営する駒場アゴラ劇場を中心に、広まっていった。マスコミも「静かな劇のブーム」というフレーズで後押しした。こうして佐々木は、平田を出発点として、その周辺にいた若手の演劇人を次々と取り上げていった。それと連動するように、新人劇作家の登竜門である岸田國士戯曲賞は、彼らが次々と受賞していった。まさにゼロ年代は彼ら青年団リンクが小劇場界を席捲したのである。

対談に際して、佐々木はわたしに、現代口語演劇以外の劇作家で有力な者はいるのかと問うた。その頃、わたしは確たる劇作家は挙げられなかった。強いて言えば、前川知大と長塚圭史くらいだろうか。それが3・11以前の実情だった。

すでに中津留も、劇団チョコレートケーキも、瀬戸山も長田、野木ら劇作家も戯曲を書いて発表していたが、注目されることはなかった。口語体で卑近な日常についてしゃべり、その背後にふつふつたる悪意や感情のほつれを描く作風が、「静かな」劇として評価されていたのである。だがわたしには、岸田國士以来の、静態劇と何が違うのか、差異も新しさも見えなかった。むしろ強固な作家性を感じるばかりで、舞台上で操り人形よろしく振る舞う演技者に魅力を感じなかった。作家＝文学の復権、わたしはアングラ以前の「新劇」の小ぶりな復活に映った。平田オリザを起点とする系譜を綴る佐々木の論考は、新劇史を参照することもなく、アングラとそれ以後の歴史の検証を抜きにした、ジャーナリスティックな読み物にしか映らなかった。

この二〇一〇年の対談は、今から見ると、歴史の分岐点に当たるだろう。

ところで、ゼロ年代を席捲した口語体演劇に対する評価は必ずしも高かったわけではない。今回の対話シリーズで、シライケイタも長田育恵も異口同音に、口語体演劇に否定的な発言をしている。中津留にいたっては、真似したが、すぐに別のスタイルに移行したと述べている。その向かう先は、「壮大な物語」の構築だという。つまり、小空間に閉じこもり、虚構度が低く、身近で日常との地続き性は、世の中が安定した時代の気分には適合的であったかもしれないが、演劇にとって本質的な問題を提示しているとは思えなかった。このトリビアリズムは大きな世界を見ない「スモールワールド」に他ならなかったのである。

このゼロ年代は、若者のある種の「保守化」が取り沙汰された時代でもあった。冒険せず、身辺雑記風に生活を綴る小世界は、そこに違和を唱えなければ、たしかに居心地がよかったのである。

(3) 劇作家の多様性と共通性

七人の劇作家たちの書く世界は、新しい形式を探る「ポストドラマ」的なものではない。緻密な台詞劇としては論理的で、物語は飛躍も少なく、破綻もなく、きれいにまとまっているようにも見える。社会の矛盾や問題が扱われる作風は、「社会派」と呼ばれることもあった。だが、一人一人の作風や劇作の方向性をつぶさに見ていくと、実に多彩な切り口と問題意識が散見していることに気づかされる。

例えば、古川健は戦争や歴史に素材をとることが多く、時間軸を少し引いて奥行きのある歴史批判劇を展開している。現在を直接的に描くのではなく、焦点深度を深くとった劇作は構造的であり、かつての時代と現在が互いを映し合う鏡像関係にある。

それに対して、中津留章仁は、今まさに起こっている事態にアクチュアルに挑んでいく。彼の問題意識は、資本主義の病根に浸された日本社会の下部構造に寄り添う。しかも彼の視点は、一方の正義を主張するために他方（権力）を糾弾する安直な構図に収まらない。むしろ権力を断罪する刃で、本来擁護すべき側にも容赦ない鉄拳を下すのである。そのバランス感覚は、政治的公正《ポリティカル・コレクトネス》から微妙に距離をとっている。

現在の問題点を扱い、提示する横山拓也の作風も注目される。彼もまた現状を分析しつつ、多様な視点を提示することで、観客にその判断をゆだねる。加害者と被害者の問題を双方の視点から描く手法により、演劇は答えを観客に押し付けるのではなく、自身でも解決のつかない「問い」を観客ともども共有することにあると考える。瀬戸山美咲も同様の問題点を扱っている。加害者家族もまた被害者であることを提示する。その複数の視点は、独善的に陥らない彼ら世代特有の客観性であろう。

評伝劇を得意としているのは、長田育恵である。井上ひさしの最後の高弟である長田は、師の教えを守りつつ、足で稼ぐ徹底した取材を積極的に行ない、偉大な作家や詩人の裏側に視線を注ぐ。これは井上の手法と酷似しているが、井上と異なった女性の側からの捉え方は斬新である。

シライケイタは劇作のみならず、演出の仕事も数多く手がけている。彼は原作を脚色していくことも多く、老人問題から米国の喜劇に至るまで多彩な作品が彼自身の受け皿の広さを物語る。温泉ドラゴンという骨太な俳優を揃えた劇集団は彼にとって最大の財産であり、俳優の肉体に向けて書かれる言葉は強靭である。

異色なのは、野木萌葱だろう。彼女は、独特の視点によって世界を切り取り、異相の世界に観客を導いていく。あくまで演劇は自分のためであり、個人的な営みに他ならない。けれども、演劇であるからには他者を必要とし、世界を一緒に旅する観客は必須である。

このように、優れた劇作を手掛けながら、各自微妙に異なる切り口と、世界への取り組み方がある。だが彼（女）らが一様にゼロ年代に出番がなかった、と発言していることは興味深い。逆に言えば、ゼロ年代とは何を志向していたのかを照射する。わたしはそれを「私とその周辺」の関心に集約された小空間での共感の共同体と考える。それが一挙に解体・変質を余儀なくされたのは、言うまでもなく3・11東日本大震災と併発された福島原発事故である。それまで未来形でしかなかった「危機」は目前に迫った喫緊の課題となったのである。こうした問題に的確に対応できたのは、成長期から希望や光を持てなかった時代を過ごさざるをえなかったロスト世代なのである。

二一世紀になってわずか二〇年余り、時代は急激に変質し、地球規模で危機は到来している。昨今のコロナ禍も、地球の変質と無縁ではなかろう。ロシアによるウクライナ侵攻も、現代資本主義が極限にまで進行し、世界が大国や帝国の暴挙によって分断され、人類が後戻りできない事態に直面していることの証左である。

こうした時に、上記の劇作家が陸続と出現してきた。彼らが今、危機の時代にあって、次々と新作を発表し、それが時代を切り裂いているのは必然なのである。この七人の劇作家は今いずれも絶頂期にあり、時代を推進していることは間違いなかろう。

（『テアトロ』二〇二三年一月号）

第三章

新劇とは何だったのか

1　歴史意識と演劇史

（1）演劇の歴史意識とは

日本劇団協議会発行の『ＪＯＩＮ』七月号（二〇一八年）で、七〇年代生まれの劇作家による座談会「私と歴史」が掲載された。今、もっとも旬で、第一線で活躍する劇作家たちが何を考え、どういう問題意識をかかえているのか、その一端が見られるかと期待したが、その期待は満たされなかった。だがその反面、彼らが置かれた立場性、演劇状況の局面、演劇史的な位置付けが垣間見られて興味深かった。以下、わたしが読み取った彼らの現在、および演劇史の問題を摘出してみたい。

座談会の出席者は、シライケイタ（温泉ドラゴン）、瀬戸山美咲（ミナモザ）、野木萌葱（パラドックス定数）、古川健（劇団チョコレートケーキ）の四人の劇作家で、司会は杉山弘（演劇ジャーナリスト）、オブザーバーに演劇評論家のみなもとごろうが加わっている。現代演劇をリードするトップランナーたちが一堂に会すること自体、これまでなかったことだし、彼らの「発言」に耳を傾けたいと思うのはわたしだけではないだろう。だがタイトルの「私と歴史」とは裏腹に、「私の」個人史が語られるばかりで、一向に討論が発展せず、共通しているはずの「歴史」や個々の「歴史認識」についての議論も深まらなかった。そもそも、歴史を素材にすることが多いという理由で座談会を組む企画自体がジャーナリスティックすぎるし、質問も劇作家の回答や真意を引き出すようなものではなかった。インタビューに答えることはあっても、議論することに馴れていない劇作家たちは、結局自説を展開することに終始し、物足りなさをおぼえた。こうした議論では、それぞれの立場の正統性を論じ合い、時として互いの差異を浮かび上がらせ、譲れない一線が明らかになれば、それが一種の演劇論になる。ひいては彼らが立つ歴史的位置づけも見えてくるだろう。

その中で、もっとも劇作家らしい立場を表明していたのが瀬戸山美咲だった。彼女は他の作家たちの「職人性」に対して、自らの視点を「わからないもの」に向けて書くと規定している。そのためには、素材の中に「潜り込んで」格闘し、その結果生まれた作品が社会とどうつながっていくかに責任をとろうとする。その態度はアクティヴィスト（政治的・社会的活動家）に近く、その根拠として「劇場という場所は、現在の確認をする場所だと思っている」とし、ギリシア時代の演劇の成立を前提にしている。これは単に瀬戸山個人の志向性と言うより、集団を前提とした演劇が国家や共同体、公共的なものを背負った表現であることを踏まえた認識である。彼女が

『始まりのアンティゴネ』（二〇一七年）を書き、その過程でソフォクレスの倫理観に共感を抱いた理由もそこにある。瀬戸山が放射能や原発問題に個人的な関心を抱くのも、そこから集団や歴史に関わる道筋があると考えたからだ。彼女にとって「歴史」とは日常の体験から始まる「小さな出来事」の集積であり、劇作はそこに足を据えた思考の痕跡に他ならない。

同じように、自分の関心から出発しながらも、韓国という他者と出会うことで劇作を展開していったのが、シライケイタである。もともと俳優志望だった彼は、二〇一一年より劇作・演出を開始し、わずか六、七年で注目されるようになった。今年四四歳の彼は決して「若手」とは言えないが、キャリア的にはまだ十分若い。シライは「おれおれ詐欺」を素材にした『Birth』で二〇一五年に韓国公演を果たし、韓国との交流が始まった。以来、彼の中で「韓国」は重要なテーマとなり、韓国を素材にした劇作を何本も書いている。最初は偶然の出会いに過ぎなかったろうが、そこまでいけば、立派な思想の核となる。

もう一つ重要なのは、面白い劇をつくることが、「どういう人間になっていくのか」に関わっていくことであり、自身の創作活動が演劇とは何かに通じる演劇論的問いかけが内包されていることだ。その具体的な成果が、昨年（二〇一七年）上演された『実録・連合赤軍――あさま山荘への道程《みち》』である。オーディションで選ばれた二〇名近い若い俳優たちとの共同作業は、一本の舞台作品を生み出すのみならず、集団創作の過程を存分に実践させた。シライはこの作業を通じて、革命集団の消長がそのまま演劇集団のそれと重なり合うことを自らの体験を通して知った。

それは集団を根拠とする演劇の根幹となる思考でもある。

古川健の立場は微妙である。今回の企画のテーマでいえば、歴史の資料を読み込んで戯曲化する劇作家として、もっともふさわしい人選に見える。ナチス・ドイツのヒトラーがいかに政権を奪取していったかを描いた『熱狂』（二〇一二年）、東独のシュタージを扱った『幻の国』（二〇一七年）、大正天皇を題材にした『治天ノ君』（二〇一三年）。敗戦後の朝鮮総督府の顛末を描いた『追憶のアリラン』（二〇一五年）。だが、彼にとってこれらの素材は、歴史好きのネタであって、それらを取り上げることに偏差はないというのだ。彼はエンターテインメントを提供することがなにより優先されるのであって、問題意識は「後付け」とまで言っている。彼のエンターテインメントとは、「『なんかすごいものを観たな』と思ってもらって、『ああ、また劇場に足を運びたい』」と思わせるものだと言う。コアな歴史ファン以外に興味を持たないこうした舞台をふつう「エンターテインメント」とは言わない。劇団チョコレートケーキの、ハードでずしりと重いテーマを感じさせる舞台を観た感触は、三谷幸喜や劇団新感線のそれと同じであるわけはなかろう。古川は「露悪的」に言っているだけかもしれないが、その真意はどこにあるのだろう。彼自身「歴史オタク」的なところがないわけではなく、演出の日澤雄介に負う部分が大きいことも否定できないのだ。

野木萌葱に至っては、この座談会でほとんど発言らしいものはなかった。彼女の出世作『三億円事件』（二〇〇八年）や『怪人21面相』（二〇〇八年）はいずれもウォーキングスタッフの和田憲明の演出で脚光を浴びるものだった。最近わたしが観て感銘を受けた『731』や、『東京裁判』（二〇〇七年）など一連の歴史的事件を扱った舞台も、一貫した問題意識から選ばれたものではなく、あくまで「あ、ネタですね」と言ってのけるのだ。この言葉を聞いた司会者はさすがに苦笑を禁じえず、「歴史というものに関しては…意識されたことはありますか」の問いを向けたが、回答は「ない……ですね」だった。野木自身、この座談会およびテーマに関して、企画者側の意図にノレないものを感じたのか、場違い感がただよい、議論の深化には一貫して非協力的だった。

（2）演劇史を問う

わたしはこの座談会記事を読みながら、ある座談会を思い出していた。一九七八年一月号の雑誌「世界」に掲載された「新しい演劇をつくる――〝アングラ〟演劇の10年」で、唐十郎、寺山修司、別役実、鈴木忠志の四人が出席した座談会である。当時の彼らは四〇歳前後、ちょうど今回の出席者と同じ年齢である。だがこの座談会は歴史的なものとなった。彼らは新しい演劇を模索して一〇年ほど経ち、すでに定評を獲得した自信と、自身の使命と目標の自覚もあってか、自らの演劇運動の成果を明確に語った。彼らが何と闘い、何を獲得したのか、その歴史的境位を自ら検証する志に、わたしは感銘を受けたことを記憶している。「運動論はなるべくケシ炭でぬりつぶした方がいい」と言った唐の挑発的言辞も波紋を呼んだ。黒テントが展開する運動論との差異はすでに明瞭になっていた。

今回の「私と歴史」にはそうした志や世代的に何かを生み出そうとするモチベーションは感じられない。ただひたすら「個人」であろうとする性向ばかりが際立っていた。二つの座談会の出席者の年齢はおおむね四〇歳前後なのだが、四〇年前と現在では「時代が違う」としても、社会に対する意識がなぜこれほど違っているのだろうか。「アングラ世代」の先覚者と何が違うのだろうか。

まず七〇年代生まれの彼らに共通しているのは、いい意味でも悪い意味でも演劇を「職業」と考えている点だ。先日、シンポジウムで同席した三〇代半ばのある劇作家は、「自分は戯曲を書いてお金をもらっている身である」と語っているのを聞いて、軽いショックを受けた。まるで「会社で働いて給与を得ている」というのと同じ自然さだったからだ。劇作家を「職業」と考えている点では、七〇年代生まれの劇作家に通じるものがある。アングラ世代を知るわたしが違和感をおぼえたのは、まさにそこにある。

かつての演劇人にとって「演劇」とは、無償の行為であり、世俗的な金銭の授受とは別次元の領域だった。とくに演劇を運動と認じて活動するアクティヴィストたちは、演劇を経済から切り離すストイックな側面を持っていた。こうしたある種の〝アマチュア精神〟が、演劇に革命をもたらす要因となった。演劇行為とは思想と同義であり、禁欲的である以上に存在そのものが「革命的」だったのである。

アングラ世代には目の前に闘うべき敵が立ち塞がっており、それは演劇だけで解決できるものではなく、大がかりなパラダイム転換をはかる必要性があった。彼らにとって社会が認識する「職業」を選択することは体制内に入ることで、抵抗感があった。だがその一方で、「普通の社会人」であることも視野に入れた。その格闘の果てに生まれた後続世代は、演劇を経済活動の一環にすることを受け容れた、助成金や公共演劇の名のもとに経済的支援を前提とすることを拒まなかった。

プロデューサーから企画を提案され、「仕事」することも普通になった。実際、七〇年代生まれの劇作家たちは、新劇団から引っ張りだこだ。文学座、俳優座、民藝、青年座、青年劇場、文化座、東演、俳協等々。劇作家を持たない、育てられなかった新劇団は、彼ら小劇場出身の劇作家たちに群がり、消費していく。彼らの「仕事」意識はここから生まれる。

では彼らに問うてみたい。自分たちはどういう演劇史から出てきたのか。演劇史のどういう位置に立っているのか。今回の座談会で議論されるべきテーマの一つはここにあったはずだ。言い換えれば、先人たちから引き継いだ演劇史をどう考えるのか。

司会の杉山は、歴史劇の先駆として木下順二、井上ひさし、浅利慶太の作業を挙げ、それをどう評価するのかを訊いている。日本演劇史を専門とするみなもとは、歴史を批判的に扱うという戦後演劇の定番について語り、新しい世代は、歴史を外部から批判するのではなく、むしろ内側に潜って、内部から思考する手法ではないかと分析する。いずれも、なんとかして新世代の活動を演劇史の中に位置付けようと腐心していた。

戦後民主主義は、戦争反対、平和主義の立場から、戦争を批判してきた。それはある意味で、正論だが、安全な場所からの批判であり、敗戦国と原爆被害者の立場だけでは問題は解決できない。そこから一度離れ、もしかしたら加担する側に回ったかもしれないという立場を担保することが重要である。そこで「加害国ニッポン」という視点を持ち込んだのがアングラ世代である唐や佐藤信らである。彼らの歴史劇は、一貫してアジアを侵略した側から日本を扱ったものだった。それは前世代である木下、井上、浅利らの戦争論の批判となった。

今回の座談会「私と歴史」では、こうした複雑な歴史観と新世代の演劇観をからめた議論を期待したが、残念ながらそこまでの深まりには至らなかった。ただ収穫だったのは、七〇年代生まれの世代が、先人たちとは違う射程で歴史や社会に取り組み始めていることであり、貧困の時代の運動意識とは異なった場所から演劇を思考していることである。

演劇は進化したのか、後退したのか。歴史を問うことは今後とも重要な課題であることが確認できた。

（『テアトロ』二〇一九年一〇月号）

2　進んだ言語、遅れた身体

（1）明治政府の身体の訓育

近代国家をめざす日本の最大の目的は「富国強兵」にあった。そのための方策として、「体育」を教育政策の一つに組み込んだ。それにより「ナンバ歩き」が矯正の対象となった。ナンバ歩きの身体では戦争を戦えないという理由からである。代わりに、西洋式の歩行訓練が導入され、右手と左足が連動する今の「通常」の歩行が定着した。このモデルは「軍隊」にある。つまり身体を軍隊式に訓育することで、日本人古来のナンバ歩きを追放したのである。

これが演劇や伝統芸能にとって大きな影響をもたらした。歌舞伎の六方や能のすり足はいずれも右手と右足を同時に動かすナンバが前提となる。相撲の四股《しこ》もまた同様だ。「ナンバ」に関しては武智鉄二の研究が有名だが、ナンバという身体様式の基礎は、田植などの農法にある。湿地帯で歩行が安定しない日本人にとってナンバ歩きがもっとも合理的な歩行であり、体重の移動がスムーズに運ぶのだ。つまりナンバの追放は伝統芸能をなきものにすることと同義だったのである。

明治以降の近代演劇史を考えてみる時、「近代化」とは西洋化であり、西洋化に見合った演劇を構築することが求められた。明治政府の元老は、日本が世界の一流国になるためには、西洋風の劇場文化を持たねばならないと考えた。当時の演劇と言えば、歌舞伎だった。だが歌舞伎は「遅れた」ものの象徴と明治政府は認識していた。そこで歌舞伎を近代化する「演劇改良運動」が試みられたが、この〝国策〟は呆気なく失敗し、「演劇改良会」は一八八七年の天覧劇をもって事実上消滅した。

では明治政府は歌舞伎的な前近代的なるものを駆逐できたのだろうか。少なくとも二〇世紀初頭まで江戸歌舞伎は生き残った。一八九三年に江戸の最後の戯作者・河竹黙阿弥が亡くなったものの、江戸の名優たちはいまだ健在だった。一九〇三年、九代目団十郎と五代目菊五郎の死をもって江戸歌舞伎が終焉したというのが演劇史の定説である。だとすると、明治維新から三〇年以上も「江戸パラダイム」は続いたことになる。

この間の日本国家の躍進はめざましかった。一八九四年の日清戦争、一九〇四年の日露戦争で二つの大国を破った小国日本は一躍世界の注目を集めた。一八八九年には大日本帝国憲法が公布され、翌九〇年には帝国議会が開場している。官営の八幡製鉄所が操業開始したのが一九〇一年。この歴史年表を見る限り、日本は近代化を完璧になし遂げ、世界の一流国の仲間入りを果したといっても過言ではない。

憲法やさまざまな条文による制度の確立、それを「言語」と括るなら、近代化をなし遂げたのは「進んだ言語」によって牽引されたと言っていい。だが国家の骨格をつくった「進んだ言語」は、庶民の生活や風習、日々の営みとは大きな齟齬があった。それらを支えるのが身体である。ここで「身体」とは、単にボディを超えて、もっと幅広く捉えることができる。言語が近代国家の制度を整備したとすれば、生活を担うのは「遅れた身体」である。両者は容易に合致しない。演劇も同様に、「遅れた演劇」となる。

シェイクスピアやイプセンの戯曲翻訳から始まった近代劇運動は、言語に身体をいかに近づけるかが課題だった。その時の演技者は、歌舞伎役者か、学生たちの素人芸しかなかった。小山内薫が、「玄人を素人に」すると言ったのは、歌舞伎役者に染みついた「芸風」を「素《す》」に戻す、つまり「歌い」「踊る」身体をゼロにすることが方法論として求められたのである。小山内の「歌うな語れ」「踊るな動け」という演技指導は、伝統からの訣別に他ならなかった。

（2）遅れた身体から

テクストが先にあり、それを「再現」していくという近代演劇理論は、言語による身体への支配を前提としていた。これを逆転させたのが、一九六〇年代に世界的に巻き起こった「演劇革命」である。だがこれは、身体による言語の打倒ではなかった。「遅れた身体」から「進んだ言語」を相対化することこそが目的だったのだ。

暗黒舞踏の土方巽は、秋田や東北の身体を見つめ直すことから出発した。がに股で屈曲した身体を否定的に捉えず、むしろその「かっこ悪さ」を武器に、負の身体を表現の基礎に置いた。当時の土方は近代的な革新によって便利になった生活風習を敵視する〝悪意ある脅し〟という風に捉えられたが、今から考えれば、「遅れ」や「進歩」を水平化する文化的視点が根底にあったと考えられる。

同様のことは、一九六八年に発表された唐十郎の「特権的肉体論」にも見られる。唐もまた肉体の不様さや弱さを根底に据え、「遅れ」や「貧しさ」から近代的価値観を見返した。いずれも日本の近代化で失われたものを積極的に取り戻そうという意図があったのだ。庶民の日常性に依拠した身体は、一見「遅れた」ように見えるが、実は極めて合理的で理に適ったものである。近代化によって規律化された身体は、たしかに土着的な身体性を失わせたが、その記憶は根底で消えずにしっかり息づいていたのだ。その回復を試みたのが、土方や唐だった。当時それを「肉体」と呼んだ。怨念や情念といった前近代性を意匠にまとっていたからだ。「近代」を超えさせたのは間違いなく「肉体」の思想だったのである。

「遅れ」そのものに着目したのは、太田省吾である。太田の「沈黙劇」は言葉のない演劇を志向していたわけではない。言葉が極度に遅くなっていく果てに、「沈黙」に至り着いたのである。

太田省吾と転形劇場が一九八〇年代に緩慢な動きと沈黙を武器にしたことは、速度と饒舌が時代の趨勢だった小劇場演劇と対極の演劇を志向していたことになる。そればかりではなく、太田は新劇の持つ「雄弁さ」にも疑問を突き付けた。例えば、木下順二の劇に見られる明晰な台詞は、世界を見通しよく説明してくれるが、この抽象的な「インテリ言語」には身体性が欠如しており、どこか空疎なものを感じるとし、「訥弁性」を主張したのである。ここでは訥弁する「身体」を擁護したと言い換えてもいい。太田省吾は八〇年代の同時代性を批判するだけでなく、アングラ以前の新劇の知のあり方も批判したのである。

同様の地点から出発したのが、竹内敏晴だ。彼は耳が不自由だった自身の少青年時代、うまく他人と対話することができず、悶々とした日々を過ごした。彼が「言葉」を発見したのは、自身の「からだ」の発見と同時的だった。彼の著作『ことばが劈かれるとき』は、身体の不自由からの解放だった。竹内はぶどうの会のリアリズム演劇から演出活動を開始したが、やがて新劇風リアリズムの限界を知り、「代々木小劇場＝演劇集団・変身」を母体に演劇の解体作業に向かった。その後、演出家としてより教育者としての活動に重心を移した竹内は、人間のからだについて多くの本を著し、レッスンを考案した。

以上の例からもわかるように、出発点はいずれも「遅れた身体」だったのである。

（3）身体から考える

身体から演劇史をたどり直してみると、一九三〇年代にアントナン・アルトーが西洋文明の危機の根底に、身体の衰弱を見ていたことに行き着く。彼は朗誦に特化されるフランス演劇に対して、きわめて懐疑的であった。アルトーは東洋の演劇、とりわけバリ島の象形文字化された踊りの強度に目を瞠り、西洋演劇の疲弊を慨嘆したのである。

アルトーの演劇論が評価されたのは一九六〇年代の後半である。近代社会の混迷がきわまった時代、アルトーが再び世の中に亡霊のように呼び出された。この時の後続者の一人に、ポーランドのイエジー・グロトフスキがいる。

グロトフスキはアジア演劇を視野に入れて、独自の身体メソッドを編み出した。彼の演技論の特徴は、受動性に依拠することにある。彼はそれをキリスト教的な「受苦的な身体」、神の加護による犠牲的な身体をベースにしているが、同時に東洋的、あるいは「能的身体」とも符合するのである。

人間は本来、受動的な存在ではないか。人間が生きていく条件は、実存に先立たれている。したがってそれに反応することが人間の行為となる。そこで「甘んじて引き受ける状態」をグロトフスキ・メソッドは基盤とするのだ。

グロトフスキの方法に、「引き算」の思考がある。演劇を構成する要素を一つずつ削っていった時、最後に残るものは何か。それは俳優と観客の存在である。両者の間に日常とは違う虚構の関係が発生した時、そこに演劇が出現したと認じていい。これを保証するのが、両者の身体性なのである。

「引き算」の方法は、身体そのものにも適用できる。一枚ずつ過剰で装飾的な衣裳を脱ぎ捨てていくと、裸形の身体に行き着く。ここで「裸形」とは人間の「本質」と言い換えてもいい。つまり演技の重要な課題は「自己開示」なのである。演技とは誰かに成り変わる行為ではない。自己の内部に錘を垂らし、自己内対話の果てに、自己の内奥にあるものを「開示」すること、それが演技の本質だとグロトフスキは考えたのだ。

この発想は、太田省吾に通じるものがある。彼には『裸形の劇場』というエッセイ集があり、また『なにもかもなくしてみる』が最後の著作だった。加算するのではなく、引き算していく過程で、自己の本質あるいは無に出会うのである。

冒頭の問いに戻ろう。近代演劇から「現代演劇」へのパラダイム転換の要は「身体性」である。これは演技する俳優に留まるものではない。言語や劇場、舞台装置や衣裳に至るまで、そこに「身体性」が宿るのである。だから身体は多くの要素を横並びにしたワンノブゼムではなく、近代から現代を切断する唯一の要諦なのである。

（『テアトロ』二〇二〇年二月号）

3 武智鉄二という特異点——日本演劇史の諸問題

『日本演劇思想史講義』(論創社)を二〇二〇年四月に刊行してから多くの人にさまざまな指摘を受けた。その中で気づかされたことがある。その一つが武智鉄二(一九一二〜八八)について言及していなかったことだ。

なぜ彼を語り落としてしまったのか。それを考えていくと、演劇史を語るさいに歴史からはみ出る存在の特異性をいかに演劇史に位置付けるかの難しさに思い至る。

武智鉄二の守備範囲は存外に広い。「武智歌舞伎」と称された戦後歌舞伎の実践、狂言、能の演者らと共同作業した『月に憑かれたピエロ』の先駆的・前衛的な試み。後年は映画界にも進出し、スキャンダラスな作品としても話題になった。さらに自民党から参議院議員選挙に出馬し、選挙資金をいっさい使わず惨敗したことなど、いったいこの人は何をやりたいのか、と奇異な目で見られたこともあった。

演劇史においても位置付けが難しい最たる存在、それが武智鉄二なのだ。

（1）武智鉄二の射程

一九一二年に大阪で生まれた武智は、裕福な家庭で育ち、幼少時から上方の芸能に親しんだ。兵庫の甲南高校を卒業し、京都帝国大学経済学部に進学後、その嗜好はさらに深まった。

彼の演劇活動で興味深いのは、出発点として劇評家を志したことだ。研究というより、演劇評論の活動に可能性を感じたのだろう。劇評を書く傍ら、一九三九年に雑誌『劇評』を創刊、後に『観照』（一九四六～五二）へと改名し、さらに『歌舞伎評論』やがて『演劇評論』（一九五三～五六）へと展開していく。これらを通して、テクストに忠実な上演を評価する観劇態度を確立した。

批評活動から創造活動に転化していくのは、フランスのヌーヴェルヴァーグの旗手たちを思い起こさせる。ゴダールやトリュフォーらはアンドレ・バザンという理論家の下で映画理論を学習し、やがてそれを実作に活かしていった。映画を娯楽として捉える以上に、表現の実験へと向かっていったのだ。武智もまた理論的に演劇、とりわけ歌舞伎を考察し、現行の上演に飽き足らなくなり、実践の場に踏み込んでいった。この経緯はヌーヴェルヴァーグの俊英たちとよく似ている。

理論から実践へ。考えてみれば当たり前のことだが、このルートをたどる演劇人がどれほどいるだろうか。学究肌の武智の理論は、大学教育に向かってもおかしくなかったが、彼はアカデミックな研究より実践を選んだ。

彼の理論でもっとも有名なのは「ナンバ」についての考察だ。一九六九年に刊行された『伝統と断絶』は、一八七七年の西南戦争への記述から始められている。明治維新による新政府にとって喫緊の課題は、富国と強兵だった。豊かな国をつくるには憲法を制定し、中央集権的な組織にしなくてはならない。そのためには、強力な軍隊を持つことが必須だ。

富国強兵を旗印とした明治政府は、徴兵令を施行（一八七三年）、西洋式の軍隊をつくろうとした。だが官軍たる鎮台兵は弱く、西南戦争で熊本城を守ることに失敗した。この兵を構成していたのが東北の農民出身者たちだった。彼らは駆け足もできなければ、きちんと歩くこともできなかった。その理由は、彼らに染み付いたナンバ歩き、すなわち右足と右手を同時に出す半身歩行である。ナンバが染みついた東北人たちは、手足を逆に動かし、反動を利用して歩行する西洋式の軍隊には向かなかった。そこで政府は義務教育の中で、歩行をナンバから西洋式に変更し、近代的な歩行を習得させた。東北人に備わった農民的な歩行を西洋式＝狩猟民族特有の歩行に転換させることで、日本人独自の身体性を改造したのである。武智は日本の文化論、身体論にまで独自の理論を創出した。それは国家の歴史から経済や政治まで射程に入れた根源的な批判だった。

（武智の慧眼は、農民型と狩猟型とともに、漁労民族の身体も射程に入れていることだ。これはインドネシアなど東南アジア系の身体性であり、相撲にはそれが残っている。）

（2）「伝統」を守り、原点に回帰する

明治以降の近代化とは何だったのか。近代化は重化学工業の発展を核とする帝国主義への道を歩むことだった。当然射程に入っていたのは、アジアの植民地化である。そのための戦争を準備するのが「近代化」と表裏一体だった。そこで、伝統に根づいた身体のあり方まで強引に変え、伝統の切り捨てという代償を払った。ナンバは能や相撲など、伝統文化に今なお息づいている。

武智は身体の矯正＝強制によって失われていく文化を見据えている。型にはめ、メソッド化することで意識や自由を剥奪していくこと。政治と文化の関係を歴史的に考察する姿勢は、現在にまで届く射程を持っている。

関西で歌舞伎が絶滅寸前になった時代がある。太平洋戦争中、つまり戦時中のことだ。「非常時」に芸能などやっている場合か。そういう世情の中、歌舞伎界は自粛を繰り返すことにより、公演は跡絶えがちになった。だがこの時期に、私財を投じて歌舞伎を死守した人物がいる。それが武智鉄二である。

一九四一年に創造劇場を結成した武智は、当時の若手歌舞伎俳優の研究団体をつくる。彼はプロデューサーとして歌舞伎役者たちを集め、定期的に公演を打った。その母体になったのが、一九四四年に吉田幸次郎、片山博通らを中心に結成した断絃会である。ここで歌舞伎公演をプロ

デュースしたが、興行というより私演会に近いものだった。パトロンになって芸人を保護する催しで、役者にとってはいわゆる「お座敷がかかる」というプライヴェートな上演だった。それを成立させたのが彼自身の並はずれた蕩尽気質であり、武智家の財力であろう。ただし芸術家に対する尊敬は片時も失わなかった。

劇評家として出発した彼は、戦後になると、一九四九年、関西実験劇場で演出を開始し、大阪文楽座を拠点に、後に「武智歌舞伎」と称される独自の活動を展開した。テクストの忠実な読解を基にした彼の舞台は、歌舞伎役者が好き勝手に演じていた当時の歌舞伎を原点に戻した。俳優の起用も独特で、既成の役者を使わず、二代目中村扇雀（後の四代目坂田藤十郎）や四代目坂東鶴之助（後の五代目中村富十郎）ら若手を起用し、徹底した身体訓練を施し、歌舞伎の原点に帰る「再検討」公演でもあった。歌舞伎役者を抱えていた松竹と対立したこともあったが、あえて経験の少ない素人を起用したことに、武智の戦略があったことは間違いなかろう。

他にも、谷崎純一郎の『恐怖時代』なども演出し、この活動は一九五二年まで続いた。これですっかり私財を使い果たした武智は、夜逃げ同然で東京へ転出した。

（3）「前衛」の探求

ここで武智鉄二の東京での活動を見ておこう。

一九五五年には「実験工房」により、『月に憑かれたピエロ』を上演している。美術家、音楽家との共同作業で、武智の前衛志向が凝縮された舞台だった。

実験工房は一九五一年に、美術、音楽、照明、文学などジャンルを超えた若手によって結成された。名付け親は美術評論家の瀧口修造。二〇代前半の武満徹、湯浅譲二、山口勝弘、園田高弘らが参集した。彼らはどこにも所属しない一匹狼的存在だった。一九五一年、『生きる悦び』で舞台活動を開始した実験工房は、一九五四年一〇月九日、シェーンベルク作曲『月に憑かれたピエロ』演奏会を初演した（詩集の刊行は一八八四年、シェーンベルクの作曲は一九一二年）。それを受けて、一九五五年一二月五日、武智演出で『月に憑かれたピエロ』が実現したのだ。出演は野村万作（ピエロ）、浜田洋子（コロンビーヌ）、観世寿夫（アルルカン）で、コメディア・デラルテをベースとした仮面劇である。秋山邦晴（訳詞）、北代省三（装置・仮面）、福島秀子（衣装）ら気鋭の芸術家が担当している。公演は〈円型劇場形式による創作劇の夕〉という企画で、三島由紀夫作『綾の鼓』も同時上演された（さらに武智は、三島由紀夫と交流を持ち、六〇年代の末には三島に歌舞伎を託したとも言われる）。活動は一九五七年まで続いた。

一九五〇年代半ばといえば、アングラ・小劇場運動が起こる一〇年以上も前のことだ。美術界では、具体美術協会（一九五四〜七二年）が吉原治良の提唱によって始まっている。この時期の前衛は新劇の内部から発生していた。その代表格は安部公房である。安部は小説家として『壁』などを発表し、ベケットやカフカから世界の戦後思想をリードした不条理文学の旗手でもあった。

それとほぼ同時期に、別の方向から武智はジャンルを超えた実験に挑んでいたのである。前衛と言えば、村山知義や柳沢正夢らのMAVO（一九二三〜二五年）が思い起される。また前衛の試みとしては、一九一七年のバレエ・リュス公演『パラード』（ジャン・コクトー脚本、セルゲイ・ディアギレフ率いるレオニード・マシーン振付、パブロ・ピカソ美術・衣装、エリック・サティ作曲）が典型的だろう。ジャンルを超えたパフォーマンスは、実は百年以上も前に開始されたのだ。

ジャンルを超えた活動では、新劇で同様の試みに木下順二の『子午線の祀り』がある。一九七八年に発表されたこの舞台は、能、狂言、歌舞伎と新劇の共同作業でも注目された。だが武智は、その二〇年も前に同種の実験を遂行していたのだ。ちなみに、武智は一九五四年に能の形式による『夕鶴』を上演するなど能やオペラの形式にも果敢に挑戦した。

武智は映画界にも進出し、ピンク映画を製作する。一九六四年、谷崎潤一郎原作『白日夢』を映画化したが、八一年に愛染恭子、佐藤慶でリメイク。この時、性行為が演技でなく、実際の「ホンバン」行為であったことが話題になった。そして武智の映画監督としての名を決定的にしたのが、一九六五年の『黒い雪』である。ピンク映画でありながら、反米・反戦を唱えたこの問題作は、後に裁判闘争に発展した。

戦闘機が発する騒音の中、全裸で基地の鉄条網の前を走るヒロインの姿は鮮烈で、性と政治を真っ向から衝突させる前衛的な異色作だった。女性の全裸は、安保体制で米軍に翻弄される戦後日本の象徴であり、その〝弱き〟姿を通して、米国の基地支配を告発するものでもあった。裁判には三島由紀夫、大島渚、新藤兼人らが証言台に立ち、猥褻か芸術かの大論争に発展した。武智はここで表現の自由をめぐって「映倫」という国家と対決し、無罪を勝ち取ったのである。

冒頭に戻ろう。なぜ演劇史の記述で武智を落としてしまったのか。彼はそもそもリニアな通史に収まりにくい存在だったからだ。しかもジャンルを跨いで活動し、さまざまな種を撒いたが、必ずしも「成功」したわけではなかった。だがその先駆性、実験性は当時よりも現在に響くものがある。

演劇の枠を越えた武智の破天荒な活動は、結果として「伝統」を守り、「前衛」を育てる基盤となった。彼の活動はつねに既成の枠を疑い、闘いを挑んだ気骨ある前衛の足跡を刻んでいる。

（『テアトロ』二〇二〇年一一月号）

4　新劇の頂点はいつだったのか

（1）演劇史をどう捉えるか

「新劇史観」「アングラ史観」という言葉がある。いずれも「新劇」「アングラ（小劇場）」の正統性を基軸に記述される演劇史である。だが歴史は生き物であり、有為転変していくものだとすれば、上記の「史観」は歴史を固定化してしまいかねない。

例えば、新劇－アングラ－小劇場という線的な流れで歴史を捉えてしまう史観も、その一つである。この流れは一見、わかりやすく映るのだが、アングラと小劇場の分岐線があいまいだし、八〇年代以降のブーム的な現象を狭義の小劇場と括ってしまうと、小劇場の定義自体が不分明になってしまう。

あるいは、アングラは「新劇を乗り超えたのか」といった言説がしばしば唱えられてきたが、そこで規定される「新劇」とは、何を指して言ったものなのか、これもまたはなはだあいまいである。新劇もまた歴史とともに変わるのであって、どの時点での新劇なのかによって、乗り超える対象が変わってくる。

二〇二〇年に刊行した『日本演劇思想史講義』で試みたのは、こうしたことに回収されない歴史の記述であったが、まだまだ論じ切れているわけではない。その一つは、「新劇」についての総合的な把握が十分でなかったことである。

「新劇」という言葉は、一時期絶滅寸前に陥ったことがある。一九九〇年代に入って、新国立劇場（当時、第二国立劇場、二国《ニコク》と呼ばれた）が創設されようとしたさい、今まで出会うことのなかった新劇と小劇場が、世代を超えて集まったことがある。その時、新劇を代表する老舗劇団の演出家が、「今どき、新劇などとレッテルを貼られたら古いものの代名詞だと思われてしまう」と発言して、物議をかもした。ちょうど、新劇団協議会が「新」をとって「日本劇団協議会」に名称を変えた頃である。

アングラ・小劇場運動が開始された一九六〇年代後半から、新劇は後続世代に追い上げられ、世代交代を余儀なくされた。しかし、それから三〇年近く経って、「新劇」はいまだになくなっていない。アングラ第一世代が八〇歳を超えた今、世代論で括ることに意味がなくなった。今では、新劇は「台詞を中心とした劇」というくらいのジャンルに定着した感がある。そして二〇一〇年代以降、小劇場で育った若い劇作家を取り込んで、息をつないだ。創作劇はもっぱら彼らが担ったのだ。それを「ネオ新劇」と命名する批評も現われた。二一世紀以降に登場した演劇人には、かつてあった新劇／アングラ・小劇場の対立構図は無縁で、ある意味で風通しがよくなったとも言える。だが彼らはもろ手を挙げて新劇に飛び込んだわけではない。彼らもまたアングラ以降の演劇史を確実に潜り抜けているのである。だからわたしは、むしろ新劇が小劇場化して、「ネオ小劇場」と呼ぶべきではないかと指摘したことがある。（本書、第二章4節「ネオ新劇と保守政治」）

では本当に両者はシームレスになったのだろうか。境界が消えたことは、歴史認識の希薄化を意味するのではないか。

そこで戦前の新劇と戦後のそれを比較してみることにする。

(2) 新劇を戦前と戦後に分けてみる

戦前新劇を特徴付けるものとして、三つの要素を括り出すことができる。一つは築地小劇場に代表される、「アヴァンギャルド」あるいは実験演劇である。これは土方与志、村山知義らに代表されるもので、淵源はロシア・アヴァンギャルドやドイツ表現主義にあった。二つ目は、一九三〇年代にピークを迎えた「リアリズム演劇」である。現実社会の典型を再現することで、時代の趨勢（軍国化する日本）を批判的に暴くことである。その代表作は久保栄の『火山灰地』であり、新協・新築地劇団がその母体となった。三つ目は、フランスで演劇を学んだ岸田國士が文学的な戯曲によって出立した台詞劇である。これは社会より個人の内面や心理などを描く小市民の劇である。ただ久保ら社会性の濃厚な作品に比べると、岸田らの「劇作派」は明らかにマイナーであり、傍流であることは否めない。

こう考えてみると、一九三〇年代のリアリズム演劇に、戦前新劇の集約点があったことは間違いない（註1）。自由劇場、築地小劇場を牽引した小山内薫の思想は、久保、岸田に分有され、川上音二郎の「新派」はリアリズム演劇の社会派に継承されていった。プロレタリア演劇はリアリズム演劇と思想的に重なり、秋田雨雀の土蔵劇場など前衛的な小劇場は六〇年代の小劇場運動の源流となった。

では戦後新劇はどうか。

大きな軸は、木下順二に代表される、戯曲文学による日本近代史の劇化であった。『風浪』『冬の時代』『オットーと呼ばれる日本人』等が好例である。木下には『夕鶴』『彦市ばなし』など民話劇が一方の軸にあるが、メインの流れを形成していくのは、明治以降の近代史に挑みかかった作品群である。木下に連なるのは、田中千禾夫の『マリアの首』、宮本研の『明治の柩』、『美しきものの伝説』、三好十郎の『廃墟』などである。ここでは明治維新や西南戦争、原爆問題など社会的テーマが扱われる（註2）。

もう一つは、俳優座、民藝、文学座の三大劇団が指導する形で推し進められた、戦後民主主義を旗印とした「新劇運動」である。演劇による戦後日本の変革は、新劇の躍進を裏付けるものであり、とりわけ俳優座の千田是也は運動の代表となった。観客の組織化と演劇人の職業化、保守政党に対抗する社会党・共産党・総評など革新勢力の充実、労働運動の活況もあり、日本の戦後新劇は五〇年代にピークに達した。

こう考えてくると、「新劇を乗り超える」とは、どの段階の新劇を打倒目標にしているのか、必ずしも明確ではない。

(3)「新劇」の定義と継承

かつて津野海太郎は、近代演劇をこう定義した。

「近代演劇とは、ヒューマニズムという普遍的な理念によって支えられ、悲劇をその唯一の様式として、カーテンによって二分割された劇場で上演される演劇である。」

(『悲劇の批判』晶文社、一九七〇年)

ここで「近代演劇」を「新劇」と言い直しても大過ないだろう。この文章は「喫煙劇場はどこにあるのか」というタイトルで、若き日のブレヒトを論じているのだが、それにとどまらず、新劇全般への言及にもなりえている。

例えば、「ヒューマニズム」には、戦後思想を牽引したサルトルの実存主義の思想が見え隠れしている。行動派の文化人であったサルトルは、「実存主義はヒューマニズムである」とし、この人間主義という言葉を拡張して捉えた。それは戦後の革新思想の根幹でもあった。「悲劇」という概念は、明らかに木下順二を想定したものであろう。ギリシア悲劇のドラマトゥルギーを根底に据えた木下の戯曲論は新劇のもっとも良質なものであった。津野は近代主義の「普遍性」を両者の中に見たのである。戦後思想を体現した新劇を超えるために、木下順二の歴史劇と千田是也の新劇運動ともども乗り超えようとする津野の意図がここに見受けられる。

アングラ・小劇場の強力な理論家だった津野は、カーテンによって分割される舞台と客席の二元論を批判し、舞台内だけで完結する舞台の近代性の向こう側に出ようと構想した。それがヒューマニズムに基づいた悲劇的様式の批判であり、テントや小劇場による劇場革命だった。新劇の内実を的確に措定した名言である。

ただし新劇は更新され、多様な要素を含みながら延命した。その中で何が不要になり、何が持続可能なのか、アングラを通過した「新・新劇」のかたちを探すこともまた、喫緊の課題だろう。

例えば、アヴァンギャルドの精神は、六〇年代以降の演劇に継承された。築地小劇場が冠した「演劇実験室」を寺山修司の天井桟敷もまた名乗っている。もっとも寺山は、ポーランドのグロトフスキの「演劇実験室」を参照したと言っているが、同じ名称を使用したことは、同一精神が宿っていたことを意味する。岸田國士の戯曲は九〇年代のある時期から小劇場派によって再評価された。例えば、別役実や太田省吾らである。かつて岸田と別役の戯曲が競演される企画があった（註3）。わたしはその時、別役よりも「新しい」岸田戯曲を発見したことがある。岸田のマイナーなブラック精神は、案外小劇場系の「不条理劇」の先駆だったのかもしれない。

木下の近代史の劇化は、二〇一〇年代に登場した劇作家たちに引き継がれたように思われる。古川健やシライケイタ、瀬戸山美咲らの劇作品はしばしば「社会派」と呼ばれたが、木下らの系譜を補助線にすれば、近代劇以降の大きな流れの中にいることに納得がいく。中津留章仁の中に三好十郎の影を見るのは、わたしばかりではないだろう。彼らは一九七〇年代以降に生まれた世代だが、彼らが過ごした少青年期に、経済ニッポンの崩壊を間近に見た経験が彼らの創作を裏打ちしている。

そう考えると、リアリズム演劇と運動論はそのままでは使えないことに思い至る。そもそもリアリズムと前衛劇は真っ向から対立するし、不条理劇が標的にしたのもリアリズムなのだ。啓蒙的な「新劇運動」もまた革新勢力の停滞によって変質を余儀なくされた。

「新劇」のもっとも良質な面を評価しつつ、その達成の向こう側を直視すること、それを歴史的、構造的に捉え返すことが重要なのである。

（註1）井上理恵の近著『清水邦夫の華麗なる劇世界』（社会評論社、二〇二〇年）によれば、久保を「新劇史の最も輝かしい時代」と記している。清水が蜷川幸雄と協働した「現代人劇場」や「櫻

社」時代をあまり評価せず、木冬社以降の戯曲＝文学を評価するのも、「新劇」の側に清水を引き付けているからだろう。

（註2）彼らに共通しているのは、いずれも九州出身の劇作家であることだ。薩長による討幕から明治国家の建設以降、日本という青年の成長と挫折を記したのは、もっぱら九州出身の劇作家たちだったというのは、歴史の符牒だろうか。

（註3）一九九五年、木山事務所企画で、岸田作『命を弄ぶ男ふたり』と別役作『壊れた風景』が連続上演された。

（『テアトロ』二〇二〇年一二月号）

5　九州の劇作家列伝

（1）演出者セミナーから

福岡で開催されたセミナーに参加した折、思わぬことを発見した。それは実に多くの劇作家たちが九州から輩出されていることだ。（二〇二〇年一一月二二・二三日、日本演出者協会九州ブロック主催による戯曲研修セミナー「別役実を読む！『不条理をこえる不条理劇の世界』」）

シンポジウムの中で、九州は多くの劇作家たちを輩出してきたと指摘したわたしの言葉に、同席した九州在住の演出家たちは意外に思ったようだ。身近に多くの劇作家がいたにもかかわらず、案外気づかずに通り過ぎていたのかもしれない。

例えば、戦後新劇を果敢に引っ張った木下順二（一九一四〜二〇〇六）は青年期を郷里・熊本で過ごした。木下の第一作『風浪』（一九四七年）は明治政府に対抗する熊本神風連を描いたものので、彼の出発点ともなった。木下が出征する前に遺書替わりに書いたこの作品からは、彼の郷里への思いが伝わってくる。木下より年長だが、原爆を題材にした名作『マリアの首』(一九五九年)の作者・田中千禾夫(一九〇五〜九五)は長崎出身である。彼は原爆によって被災したキリスト教徒の信仰の問題を扱った。キリシタンの弾圧を描いた『肥前風土記』(一九五六年)はその前史とも言えるものだ。

戦前戦後に特異な劇作を発表した三好十郎(一九〇二〜五八)は佐賀県生まれである。彼の作品に直接九州は出てこないが、一貫して政府や権力に抵抗する人物が描かれている。『斬られの仙太』(一九三四年)は幕末から明治初期の百姓と士族の叛乱を描いた。第二次世界大戦時に際して、大学教授が特権を放棄する『廃墟』(一九四七年)や信仰ゆえに戦争協力を拒否する『その人を知らず』(一九四八年)、画家の抵抗を描いた『浮標《ぶい》』(一九四〇年)、さらにヴァン・ゴッホの評伝劇『炎の人』(一九五一年)も三好の人生が重ねられている。戦後新劇でひときわ輝いた宮本研(一九二六〜八八)は熊本県生まれ。足尾銅山の鉱毒事件と闘った田中正造を題材にした『明治の柩』(一九二六年)は彼の出世作である。『美しきものの伝説』(一九六八年)では大正から昭和にかけての演劇人、詩人、アナーキストらを登場させ、近代日本の青春を群像劇として活写した。三好、宮本の二人はともにプロレタリア演劇から出発しており、そうした土壌が九州には色濃くあったこともうかがえる。他に、リアリズム演劇の林黒土(一九一九〜二〇一四)もいる。

ざっと見た限り、新劇と呼ばれるジャンルだけでも、片手に余る劇作家、しかも「巨匠」と呼びうる劇作家を輩出しているのである。しかも彼らに共通しているのは、いずれも壮大なドラマを志向し、スケールの大きい歴史劇を書いていることである。今ではめったにお目にかかれなくなった大文字の主題に取り組んでいるのがひときわ目を惹く。

(2) 多彩な劇作家・演出家

おそらくセミナーが福岡で開催されたことと無縁ではないだろうが、わたしの連想はその後の世代にも及んだ。

『敗れざる者たちの演劇志』で自らの半生を語った流山児祥（一九四七〜）は熊本生まれであることが後の演劇人生を基礎づけだし、松本雄吉（一九四六〜二〇一六）も熊本県天草出身だ。後に大阪に出て壮大な野外劇を展開するが、彼の劇には九州から見たアジアへのまなざしが据えられている。流山児の盟友・山崎哲（一九四六〜）は隣県の宮崎県出身である。戦後生まれの団塊世代の代表格、つかこうへい（一九四八〜二〇一〇）は福岡県筑豊生まれである。この世代の主要人物が揃って九州出身というのも興味深い。

流山児の初期の代表作『夢の肉弾三勇士』は、筑豊出身の上野英信の原作小説に拠っている。流山児は原作の魅力的な言葉をそのまま活かし、台詞に採用した。言葉は俳優によって肉体化され、直接舞台に投げ出された。まるで言葉が肉体から放出されるように。松浦弁を駆使して独特の方言文体を確立した岡部耕大（一九四五〜二〇二三）の代表作『肥前松浦兄妹心中』（一九七九年）は、地元長崎県松浦を舞台にしている。強烈な風景をもった登場人物は、擬音語を駆使して舞台を跳梁する。転位・21を再出発するにあたり、山崎哲は、島尾敏雄の『死の棘』を下敷きに『うを傳説』（一九八〇年）を書いた。島尾もまた鹿児島や奄美大島など九州に馴染みのある作家であり、山崎は転機の起点に、「ヤポネシア」の思想を展開した島尾の作品を選んでいる。これも九州の地勢図と無縁ではなかろう。この世代では、他に長崎出身の岩松了（一九五二〜）もいる。

後続世代も人材の宝庫だ。長崎の原爆投下を題材にした『パンドラの鐘』（一九九九年）の野田秀樹（一九五五〜）は軍艦島で幼少期を過ごした。同じ長崎を舞台に、原爆を劇のモチーフにしたのが松田正隆（一九六二〜）である。彼の長崎弁で書かれた三部作『紙屋悦子の青春』『坂の上の家』『海と日傘』（一九九二〜九四年）は静謐な日常の中に隠し絵のように原爆の影を浮かび上がらせた。博多出身の桟敷童子・東憲司（一九六四〜）も近代化される以前の九州を舞台に、因習の残存する共同体＝ムラ社会に踏み込んでいった。

一方、松尾スズキ（一九六二〜）、いのうえひでのり（一九六〇〜）は同じ福岡出身でもあまり郷土性、風土性は感じられない。先述した岩松も同様で、土着性に馴染まない作風もある。他方で、大分出身の中津留章仁（一九七三〜）は東日本大震災以後、精力的に現在の日本社会を問うてきた。そして、ついに彼自身の出身地を舞台にした自伝的色彩の強い『堕ち潮』（二〇二一年）を発表した。一族の歴史から透かし見えてくるのは、近代日本の典型的な家族像である。

彼ら以外にも、泊篤志（一九六八〜）、永山智行（一九六七〜）ら九州で活躍している劇作家もいる。泊は一九九三年に帰郷し、「飛ぶ劇場」に関わり、永山は一九九〇年に「こふく劇場」を結成し、現在、宮崎県立劇場の芸術監督も務める。彼らは地元に留まり続けているが、あくまで例外的であり、大半は東京や大阪に活動の場を求めている。九州人には、明治維新以後、東京に出て一旗揚げる立身出世主義や中央志向が存在すると言われるが、演劇人はそれを地で行っているのである。

(3) 日本近代史との格闘

では九州出身の劇作家たちの根底にあるのは何だろうか。わたしはそこに、日本の近代史との格闘を見る。例えば、木下の『風浪』は、明治政府に反発する士族の叛乱を描いたもので、彼の原点は近代の歴史との格闘にこそあった。宮本研の出発点も同様だろう。一方、昭和の歴史は戦争の歴史であり、その象徴は広島と長崎に投じられた原爆である。それが九州出身の劇作家たちに与えた影響ははかり知れない。田中千禾夫、野田秀樹、松田正隆はこの系列に属する。

また中央政府や国家権力に対しての抵抗や力に屈しない反骨精神も一本筋が通っている。流山児氏と対話した時、一九六〇年とは反安保闘争ではなく、三井三池闘争だった、という彼の発言を聞いて、首都圏出身者との彼我の差を痛感した。一九六〇年は若者たちにとって共通した体験と思ってきたが、実はどこでそれを体験したかでまったく異なるのである。地域性がもたらす精神的土壌と、そこから立ち昇る作品の多様性に今さらながら気づかされた。

ところで、ここに挙げた劇作家たちはすべて男性である。ジェンダーギャップが取り沙汰される昨今、九州の男性優位主義は、こと劇作家に関して言えば一目瞭然である。以上のことをシンポジウムの席上で発言したところ、まったく思いもしなかったという反応が出てきた。おそらく外部にいるわたしだから発言できたのだろう。当事者が気に留めないことを指摘できるのが外部の視線であり、特権だろう。

(4) 近代史が生んだ精神

日本の近代史は九州にとってどういう意味を持っていたのだろう。彼らは明治政府に戦いを挑み、敗北して在野に下った。彼らにとって九州は、中央に対する反撃の拠点であり、蜂起の歴史だったのではないか。その代表格が、新派の創始者・川上音二郎(一八六四〜一九一一)である。博多生まれの彼は、もともと自由民権運動の街頭活動の一環として政治劇を企て、『板垣君遭難実記』(一八九一年)などで知られる。一種の街頭パフォーマンスに近いだろう。だが総選挙に立候補したが失敗し、結局野に下った。彼は国内での活動に見切りをつけ、海外に転進し、パリ万博に登場して拍手喝采を浴びるなど、日本で最初に海外で名を挙げた演劇人となったが、その生き方自体が破天荒そのものだった。

戦後社会ではどうだろう。まず想起されるのは、水俣病問題と闘った石牟礼道子（一九二七～二〇一八）であろう。彼女は『苦界浄土』（一九六九年）の中で水俣病問題を糾弾した。他方で三井三池闘争は詩人で「工作者宣言」として有名な谷川雁（一九二三～一九九五）、『からゆきさん』（一九七六年）の森崎和江（一九二七～二〇二二）ら活動家抜きには考えられない。労働運動は九州でこそ開花したと言えるだろう。中央を見据える視線は強度に満ちている。九州出身の劇作家から感じとれるのも同種のものだ。

九州は韓国との距離的近さもあり、交流の歴史も長い。アジアへの窓口として、映画祭などの開催も盛んだ。これほど人材豊富な九州にあって、文化的にも芸術的にも九州の一大拠点である鹿児島から、案外人材が出ていない。強いてあげれば、先般亡くなった「夜の樹」の和田周（一九三八～二〇二〇）ぐらいか。彼は少青年期を鹿児島で過ごした。

沖縄に目を転じれば、何人も挙げることができる。岸田戯曲賞作家の知念正真（一九四一～二〇一三）、芥川賞を受賞した大城立裕（一九二五～二〇二〇）もまた劇作に手を染めている。近年では、エーシーオー沖縄が中心となって、精力的に沖縄発の良質な舞台が発信されている。

多くの劇作家を輩出した九州という地には、演劇の神が宿っているのかもしれない。ただしその神は、反骨の精神に満ちた神である。九州には肉体の奥底で発言したくてうずうずしている演劇人の熱を感じるのである。

（『テアトロ』二〇二一年六月号）

6　令和の柩

（1）「大いなる時代」の死

最近、「死」について考えることが多くなった。

とりわけ今年（二〇二二年）は、大物の死が続いた。ピーター・ブルック（一九二五生）やハンス＝ティース・レーマン（一九四四生）、ジャン＝リュック・ゴダール（一九三〇生）といった芸術界の大物から、三宅一生（一九三八生）、森英恵（一九二六生）などファッション界の草分け的存在、音楽界の一柳慧（一九三三生）、京セラの稲盛和夫（一九三二生）、プロレスラーのアントニオ猪木（一九四三生）も人生の幕を閉じた。一時代を築いた各界の第一人者の死は、否応なく過去を振り返らせる。時代の切れ目を意識させ、彼らが生きた「時代の死」に直面させられるのだ。

上述した人物は概ね、九〇歳前後まで生きていたから、天寿を全うしたと言えるだろう。ゴダールは自死に近かったが、人生を完成させた故の覚悟の死だ。

彼らが生きた時代は、「戦後社会」である。戦争が終結して、まず世界的に影響を与えたのは映画である。ゴダールの『勝手にしやがれ』（一九六〇年）や『気狂いピエロ』（一九六五年）が与えた衝撃は、ことの他大きかった。一九五〇年代末から六〇年代にかけて、ゴダールの登場は映画に「新しい波」を牽引したばかりでなく、芸術全般に「革命」をもたらしたといっても過言ではない。それまでの映画産業界を一新したのみならず、作家個人の独創性が尊重される作品づくりが決定的になった。同時に映画は、若者の声を代弁し、世界各国の若者の心をとらえた。映画は国境や言語を越えて波及する。

ブルックは二一歳でロイヤル・シェイクスピア・カンパニーの最年少演出家になった。まだ六〇年代の「演劇革命」が起こる前に、すでに若い世代による革新的な運動の先鞭をつけたのである。『なにもない空間』（一九六八年、邦訳は晶文社、一九七一年）という演劇書は、現代演劇のバイブルとなり、その後の彼の行動は、世界中の若い演劇家を鼓舞し、大きな勇気を与え、演劇の理念を形成することに貢献した。ゴダール同様、後続世代への道筋を付けたという意味で、彼らの果たした先駆的役割ははかり知れない。

映画と演劇の先駆者たちは、日本にも大きな影響を及ぼした。映画では松竹ヌーヴェルヴァーグが勃興し、演劇ではアングラ・小劇場運動が誕生した。それらは世界の源流を敏感に察知し、その土壌を均した先駆者があってのことだ。そのブルックらが亡くなったことは、「大いなる時代」の終わりを確認させる。彼らと同世代の日本の若き芸術家志望はどうだったか。

(2) 敗走する若者たちの死

戦前・戦中に少青年期で過ごした日本人は、戦後の焼け跡を経験した人たちである。朝鮮戦争を経て、日本経済が復興していく時に、社会に出た。そしてこの時代を象徴する「戦後民主主義」を推進していったのが新劇である。

この時代を描いた名作を二つ挙げよう。

福田善之の『真田風雲録』は、戦後の浮浪児たちが登場し、死んだ兵士たちの所有物をくすねて、辛うじて生き延びるところから始まる。それを関ケ原の合戦(一六〇〇年)に重ね、次の幕が一五年後、すなわち大坂夏の陣に相当する。浮浪児たちは成人し、若者として独り立ちした。この劇で彼らが直面したのは現在形の「六〇年安保」だった。

この作品が書かれた一九六二年は、安保闘争から二年後であり、敗北の理由は何だったのかの総括が問われた時期でもあった。講談の名作を下絵に、今日只今《こんにちただいま》性としての「六〇年安保」闘争を上書きした。それは作者が生きてきた戦後史の自画像でもあった。

もう一つの名作は、一九六八年に初演された宮本研作『美しきものの伝説』である。ここにも、大正時代を生きた若者たちが登場する。

この作品が最近（二〇二二年）上演された（流山児★事務所、演出は西沢栄治）のを観て、わたしの中でのこの作品のイメージは一新した。「大正ベルエポック」と呼ばれた時代は、短いながらも充実したイメージがあり、この時代を生きた演劇人や政治思想家、女性運動家たちは青春を謳歌していたように見ていた。だが『美しきものの伝説』は、この時代もそれほど明るい時代ではなかったことを示している。ラスト、伊藤野枝はこう言う。「時代がわたしを生み、時代がわたしを殺します。」また、大杉栄ことクロポトキンは、次のように語る。「ベル・エポック……考えていたんだが、この大正という時代、のちになったら、みんなそういうだろうね。……のどかな、じれったいほどのどかな、美しい、いい時代だったとね。……つらい。……何が、よき時代なものか。」

この台詞は作品が上演された一九六八年の若者たちの姿、とりわけ全共闘運動に身を捧げた若者たちの心情を代弁している。その声は決して青春を謳歌するのではなく、むしろ敗色に満ちたものであろう。とすれば、これまでの「大正」の美しきイメージは大きく変わる。大逆事件で虐殺された大杉栄や伊藤野枝の死がにわかに臨場感をもって時代を感じさせる。島村抱月、松井須磨子の死も同様だ。ここでも、闘いに敗れて死んでいった者たちの姿が澎湃として湧いてくる。

一九六〇年代に書かれた作品を今読み返すと、当時では見えなかった別の水脈が浮かび上がってくる。その一つが、学生（久保栄がモデル）と先生（島村抱月がモデル）の論争だ。これが上演された六八年に置き換えれば、若者によるこの糾弾は、全共闘の学生が大学教授や大人たちへの激しい突き上げに見えてくる。これは当時の演劇人からすれば、アングラと新劇の対立関係にも映し出されてくるだろう。宮本が登場人物を「学生」としていることはとりわけ重要だ。久保－抱月といった子弟関係にとらわれず、学生－先生というより大きな構図が対象化され、そこでの若者と大人たちの姿が描かれる。

『真田風雲録』がそうであったように、物語という虚構の背後にその時代が透かし見えてくる。六〇年安保に傷ついた青春を重ねた福田と、大正の死を重ねた宮本。

これは現在にも召喚される構図だろう。

(3) 現在の死

現在の死についても述べたい。

劇作家で演出家、そして何より優れたエッセイストでもあった宮沢章夫(一九五六年生まれ)の死は唐突だった。彼はどこか死を予感したのだろうか。亡くなる前に自身の言葉で「別れ」を告げていたというから、彼は自身の生涯をある程度見切っていたのだろう。死因については詳らかにしないので、これ以上言及は避ける。そこでわたしと宮沢の関係について書いてみよう。

ある時期から宮沢とシンポジウムで同席することが多くなった。とくに開場後の世田谷パブリックシアターでは、わたしは企画の協力もしていたので、現代演劇の理論書を読む講座を宮沢に依頼したことがある。そこで彼は、唐十郎や寺山修司、鈴木忠志、太田省吾、佐藤信の評論を論じながら、アングラの理論について彼なりの「読み」を展開した。「評論家でもないのに、演劇学者になってどうするんだ」と戯言を言っていたのを懐かしく思い出す。

わたしが彼の舞台を観はじめたのは、「遊園地再生事業団」以降だから、一九八五年に「ラジカル・ガジベリビンバ・システム」というユニットを結成し、笑いを追求しはじめた初期の試みについてはほとんど知らない。わたしより二歳年少の彼は、年齢的にはほぼ同世代だが、解釈や文化の認識はかなり違っていた。二〇〇六年に刊行された『東京大学「80年代地下文化論」』を読んだ時、とくにはっきりと違いを認識した。それは「地下文化」の捉え方の違いである。わたしは「アングラカルチャー」の流れに、八〇年代演劇を位置づけたのに対し、彼は「サブカルチャー」と解釈したことである。

静岡県掛川出身の彼は、大学進学ではじめて上京し、東京の文化に触れたが、宮沢にとって、東京はアングラが終わった後の、サブカルチャー化した小劇場演劇が目の前にあったのだろう。若者文化のメッカを新宿や下北沢よりも原宿に求めた。すでに横文字の職業が増えた時代で、泥臭い文化よりも垢ぬけたカルチャーにシフトチェンジする第一走者が、他ならぬ宮沢章夫だったのだ。彼の周辺に集まる若手の演劇人も、大学演劇部出身の小劇場ではなく、異業種から参入してきた者が多かった。

もともと多摩美術大学で建築を学んでいた彼は、演劇の王道ではなく、あえて傍流や異端に留まることを志向していた。だが皮肉にも、アニメや漫画など海外に売れるアイテムとなったサブカルチャーは、その中心に宮沢を押し出していった。本人もサブカルチャーの中心という奇妙な位置に祭り上げられ、なんとも居心地悪いポジションに本人自身が一番戸惑ったろう。サブカルチャー自体、マイナーで周縁的なものなのに、それが中央に押し出されることは論理矛盾だ。しかも挙句の果てに、大学教授にまで上り詰めてしまった。宮沢の晩年はおよそ想定外の連続だったろう。

最後に、少々気の重いことではあるが、「パワハラ」の問題に関連した「自死」について、述べなくてはならない。

わたしの近畿大時代の教え子でもあったM氏が、九月一四日、鉄道で事故死した。遺書等がないので断定はできないが、周囲の事情を勘案すると、以前所属していた劇団Kで受けたパワハラが積み重なって、自身が「壊れてしまった」（ツイートより）ことが直接の原因であることがわかってきた。

M氏は昨年、公演の際にミスをしたことから、演出家のOに罵倒され、以前からの日常的なパワハラも重なって退団した。しかし、その後、その時の言葉がフラッシュバックし、ついに一線を越えてしまった。

現在、演劇界におけるパワハラ問題は、喫緊の課題になっている。集団作業を必須とする演劇にあって、ハラスメント行為と表現を高めるための叱咤激励とは境目が見えにくい。善意の指導だとしても、受けた側が嫌がらせや抑圧と受け取れば、もはやパワハラである。

これまでの劇団では、こうした経験は一種の修行として等閑に付されることが多く、半ば常識と化した部分もあった。厳しい指導はむしろ演出家の情熱や真剣さと受け止める風潮さえあった。だがそれは、現在では通用しない。前途ある若者が、劇現場でのパワハラで、志半ばで命を絶った意味は重い。

宮本研は田中正造をモデルに『明治の柩』を書いた。『美しきものの伝説』は彼流の「大正の柩」だった。とすれば、誰が「令和の柩」を書くのか。わたしには、興味がそそられる。


（『テアトロ』二〇二二年一二月号）

初出一覧

序　章　1「世界演劇講座XIII」（二〇一八年）

2「世界演劇講座XIV」（二〇一九年）

第一章　1『美学の事典』美学会 編（丸善出版、二〇二〇年）

2『1968［1］文化』四方田犬彦 編著（筑摩書房、二〇一八年）

3「明治学院大学講演」（二〇一六年）

第二章『テアトロ』（カモミール社、二〇一七年八月号〜二〇二三年一月号）

第三章『テアトロ』（カモミール社、二〇一九年八月号〜二〇二二年一二月号）

※第二章、第三章の初出掲載号は本文末尾に記載

あとがき

本書は二〇二〇年に刊行した『日本演劇思想史講義』（以下『思想史講義』）の副読本的な性格を持つものである。

本書の構成について記しておく。序章と第一章は、これまで書いた演劇史の記述と未発表のシンポジウムの基調講演「アングラの達成と限界」を加えて構成している。また第二章、第三章は、演劇雑誌『テアトロ』で連載している「共創する空間へ」からテーマに即して編集し、収録した。

従来の新劇、アングラ・小劇場というリニアな歴史軸を再考してみようというのが本書の狙いである。近現代演劇史の時代区分では見えなかった繋ぎ目に焦点を当てた。それがアングラ・小劇場と新劇のつながりを記述する二、三章に相当する。その中で、これまで慣例的に用いていた用語の検討を通じて、演劇史の「分水嶺」を明らかにしたいと考えた。「小劇場」や「不条理」はなかでも本書で多く論じた概念である。

「アングラ」という言葉も半世紀以上経ってみると、イメージの変遷は明らかだ。「新劇」もまた同様だろう。これらをもう一度、再定義し、歴史の中に位置付けていくことも、批評家の重要な仕事だろう。本書は『思想史講義』に続く第二弾の試みである。

『思想史講義』を刊行したのは、一九九〇年代から大学で日本の演劇史の講義を始めてから三〇年経っていた。当初わたしの講義は、一九六〇年代以降の現代日本演劇史を対象としていた。「近代演劇史」まで対象を拡げられたのは、それから一〇年ほど経ってからだ。自分が見聞きしていた「体験」を語ることはできても、自分が生まれるはるか昔の「歴史」について語ることは憚られたのだ。しかし実際に扱ったとき、体験していない歴史も自分の視点で再生してみると、現在から見た過去はつねに「現在形」として考えられるものだということに気づかされた。とくにわたしのように、現代の舞台に接している者が扱う歴史は、実践的に応用することで、「現在の知」として活用できることがわかってきた。しかしそこまでたどり着くのに、二〇年かかったのである。

二〇一七年に明治学院大学で演劇史を担当するに当たり、同僚の岡本章教授の奨めで、思い切って伝統演劇から日本演劇の始まりまで遡ることにした。能や歌舞伎など伝統演劇は門外漢がうっかり手を出せない領域である。それを承知で、あえてそこに踏み込んだのは、演劇史は「体系的」に始まりから終わり（現在）まで通覧することが必要だと考えたからだ。一七年当時、新しく付け加えたのは、全二十一章中わずか三章に過ぎないが、これによって「演劇史」としての、ひとまずの完成を見た。一本筋を通すことできたからである。

『思想史講義』の特徴は、世界演劇史を下絵にして、世界との関係の中で日本演劇史を捉えることである。また転変する現代演劇の動向も講義内の視野に入れている。歴史は過去の記録にとどまらず、現在から見出した事象の未来への提言である。したがってこれは劇評家が書いた「日本演劇史」なのである。

大学で演劇史を講義するさい重要なのは、限られた時間内で何を語り、何を語らないか、である。メインストリームを語りながら、個別のトピックをフォローする。つまり総論と各論を織り混ぜながら各回ごとに主題を提示する。なるべく網羅的にフォローしようと心がけているが、それでも漏れ落ちてしまうものが出てくる。それはえてして演劇史における特異点であり、演劇史の枠組みでは収まりきらない場合が多い。そのことに気づかされたのは、武智鉄二の存在だった(本書、第三章の3節、参照)。彼は歌舞伎の演出家であって戦後のアヴァンギャルドの運動にも関わり、文化論としては「ナンバ」も論じた。映画監督でも知られた彼を歴史に収めることは困難だった。

その反面、どうしても分厚く語らなくてはならない時代も出てくる。それが『思想史講義』の第三部だ。六〇〇年、四〇〇年以上の歴史を持つ能・狂言、歌舞伎・文楽を一章のみで扱ったが、わずか六年で一章(一六章)というケースもあった。時代が現在に近づけば近づくほど記述が厚くなるのは、それだけ現代演劇は濃密で膨大だからである。一九八〇年以降は、公演の数も劇団の数も、それまでの総数を上回るのではないか。

こうした演劇史を通覧した時に初めて見えてくる「分水嶺」、つまり切り換えや潮目の移り変わりをどこに見出すか。それが本書の成り立ちである。

最後に、二〇一六年から『テアトロ』誌で自由に書かせてもらった連載だが、次第に演劇史についての論考が増えてきた。本書を編むきっかけになったのも、この連載のお蔭である。こうした気ままさを許容してくれた同編集部には、感謝してやまない。

今回も論創社・編集部の森下雄二郎氏の手を煩わせた。あわせて感謝したい。

二〇二四年九月

西堂 行人

西堂行人（にしどう・こうじん）
演劇評論家。1954 年 10 月、東京生まれ。早稲田大学文学部（演劇専修）卒。同大学院中退。1978 年から劇評活動を開始。60 年代以降の現代演劇を中心に、アングラ・小劇場ムーブメントを理論化する。80 年代末から世界演劇にも視野を広げ、韓国演劇及びドイツの劇作家ハイナー・ミュラーの研究。90 年代以降は近畿大学、明治学院大学などで演劇教育に関わる。「世界演劇講座」を 2006 年から開講。
主な著書に、『演劇思想の冒険』『ハイナー・ミュラーと世界演劇』『劇的クロニクル』『日本演劇思想史講義』（以上、論創社）、『［証言］日本のアングラ——演劇革命の旗手たち』『蜷川幸雄×松本雄吉——二人の演出家の死と現代演劇』『ゆっくりの美学　太田省吾の劇宇宙』『新時代を生きる劇作家たち——2010 年代以降の新旗手』（以上、作品社）、『唐十郎 特別講義——演劇・芸術・文学クロストーク』（唐十郎との共著、国書刊行会）、『韓国演劇への旅』『現代演劇の条件』『演劇は可能か』（以上、晩成書房）ほか多数。
国際演劇評論家協会会長、日本演劇学会理事、日韓演劇交流センター副会長、読売演劇大賞の選考委員などを務める。

日本演劇史の分水嶺

2024 年 11 月 1 日　初版第 1 刷印刷
2024 年 11 月 10 日　初版第 1 刷発行

著　者　西堂行人
発行者　森下紀夫
発行所　論 創 社
東京都千代田区神田神保町 2-23　北井ビル
tel. 03（3264）5254　fax. 03（3264）5232　https://ronso.co.jp
振替口座　00160-1-155266
装幀／宗利淳一
印刷・製本／中央精版印刷　組版／フレックスアート
ISBN978-4-8460-2487-1　